Ingrandimenti

Giusy Versace

CON LA TESTA
E CON IL CUORE
SI VA OVUNQUE

La storia della mia nuova vita

MONDADORI

www.giusyversace.it
www.disabilinolimits.org

DISABILI NO LIMITS

L'editore ha ricercato con ogni mezzo i titolari dei diritti di riproduzione delle fotografie dell'inserto senza riuscire a reperirli tutti: è ovviamente a piena disposizione per l'assolvimento di quanto occorra nei loro confronti.

Con la testa e con il cuore si va ovunque
di Giusy Versace
Collezione Ingrandimenti

ISBN 978-88-04-62680-0

I edizione febbraio 2013

Indice

Con la testa e con il cuore si va ovunque

Ai miei genitori e a mio fratello,
i miei veri angeli custodi.
Ad Antonio, per essere arrivato
nel momento giusto.

Prendete la vostra vita e fatene un capolavoro.

GIOVANNI PAOLO II

La mia vita è divisa a metà, c'è un prima e un dopo.

Il confine è un guardrail che si strappa le mie gambette dal ginocchio in giù, il 22 agosto del 2005.

Avevo ventotto anni, una chioma di capelli corvini, un'abbronzatura da paura, una carriera lanciatissima, una grande famiglia, un manipolo di amici super affezionati e un fidanzato da almeno una decina d'anni. Sapevo chi ero ed ero abituata a contare soprattutto sulle mie forze: questo mi faceva sentire al sicuro, imbattibile.

In un secondo è sparito tutto.

Io, Giuseppina nata Versace sotto un cielo fortunato, che ha fatto di me la bimba carina quanto basta di una buona famiglia e mi ha regalato l'appartenenza a una terra dura e bellissima e alla sua gente, improvvisamente non avevo più niente.

Di fronte a me, un confine. E una scelta: attraversarlo o no. Provare a guardare oltre oppure rimanere attaccata a un passato che non esisteva più.

Credo di aver fatto la scelta giusta. Ho sfoltito i bagagli e, portandomi dietro solo la luce chiarissima della fede e quella forte irradiata dalle persone che hanno camminato al mio fianco, ho attraversato il dolore. Di là, be', un grande dono.

22 agosto 2005

Mia madre impazzisce ogni volta che prendo la Salerno-Reggio Calabria. È tutto un carosello di "Stai attenta", "Vai piano", "Non parlare al cellulare mentre guidi". Nemmeno fosse la prima volta: praticamente vivo in movimento, macchina, treno o aereo fa poca differenza.

Piuttosto, questa è l'ennesima che pianto lì tutto e parto per lavoro, rinunciando alla mia ultima meritatissima settimana di ferie: dovrebbe essersi abituata anche lei, visto che mi mantengo da sola da quando ho diciannove anni. Ma cuore di mamma non molla e mi perseguita con le sue raccomandazioni tutto il giorno prima della partenza.

Che scelgo di dedicare alle cose che preferisco: pomeriggio al mare con le amiche, nerissima, senza nessun pensiero tranne fare tuffi, organizzare un'escursione in gommone, chiacchierare sotto il sole. La sera, scorpacciata di pesce con Felicetta, la mia migliore amica, e il mio fidanzato, Sacha.

Tutti sono dispiaciuti: insistono perché rimanga invece di correre in soccorso di un cliente di Salerno che deve inaugurare una boutique a settembre, ma sanno che non c'è niente da fare. Non solo sono una calabrese DOC, testa granitica e cuore buono, ma quando si tratta di lavoro non transigo: l'etica prima di tutto. Sarà che, tra mamma e papà, la dedizione l'ho succhiata insieme al ciuccio, ma amo sconsideratamente la mia carriera e le mie responsabilità, le telefonate a tutte le ore, le centinaia di e-mail che mi arrivano ogni giorno, la mia vita frenetica. Sono anni e anni che sgobbo per questo, e ora che sono a un passo dalla promozione più importante della mia vita non voglio mollare. Per qualche giorno di vacanza, poi... che sarà mai? Li recupererò in un altro momento. Se il cliente ha bisogno non sarà certo Giusy Versace a lasciarlo solo!

Però. Felicetta e Sacha sono talmente consapevoli della mia determinazione che non provano neanche a convincermi, e rimangono con due facce scure, a metà tra rassegnazione e tristezza. Mi viene la malinconia. Una malinconia enorme, gigantesca, diversa da quella che mi è capitato di provare in situazioni simili – quando sono dovuta schizzare via il 26 dicembre, o la volta che ho passato un weekend al telefono, con tutti i parenti che mi bersagliavano di sguardi di riprovazione.

Quando torno a casa sono inquieta.

Cerco di fare le valigie e dentro di me emerge con chiarezza che non voglio partire. Mentre incastro sandali e abitini nello spazio ristretto di una sacca da viaggio mi viene persino da piangere, ma ricaccio indietro le lacrime dicendomi che un po' di magone, dopo aver passato qualche tempo con i miei, nella mia terra, è normale. So benissimo che per me è normale anche prendere e partire, me lo ripeto, ma non c'è niente da fare: iniziano a venire giù senza che possa fare nulla, senza motivo apparente. Sento di non voler andare via. Mi siedo sul letto e mando un triste SMS a Fely, Katia e Manu, poi accendo il computer. Voglio scrivere una mail a Sacha: mi rimprovera di non dirgli mai che lo amo, così glielo scrivo, tutto maiuscolo: "Ti amo". Qualcosa mi dice che non li rivedrò mai più.

La notte dormo male. E, per giunta, faccio il sogno più brutto della mia vita.

Ero in una villa antica sul lungomare di Reggio Calabria, quella dei marchesi Zerbi, che mi affascina da quando ero bambina, rossa, con i suoi merli e il giardino enorme, profumatissimo. Ero angosciata, forse scappavo ma non so bene da chi né da cosa. So solo che dovevo correre. Dopo aver percorso corridoi in tutte le direzioni, mi trovai davanti a un'enorme scalinata ripida, che terminava con una curva a sinistra.

La scala era buia ma il grande corrimano d'acciaio rifletteva la luce della luna e, in qualche modo, la illuminava. Presi le scale senza pensarci due volte. Ero in fuga, terrorizzata, facevo i gradini tre alla volta girandomi indietro per guardare chi mi stesse inseguendo. Quasi alla fine della curva inciampai, cadendo in avanti. Per istinto allungai le mani, ma il corrimano si trasformò in una lama e mi affettò di netto entrambe le braccia. Caddi a terra urlando come una pazza, il sangue spruzzava ovunque.

Mi sveglio sconvolta e sudata, mi guardo intorno: nella penombra riconosco la mia camera, i miei oggetti, le valigie pronte in un angolo. Provo a regolare il respiro, ad accendere la luce, ma l'ansia non vuole saperne di andarsene, così volo sotto la doccia e lì, finalmente, riprendo coscienza del tutto. Fradicia, mi guardo allo specchio e mi ripeto che non è successo niente, è stato solo un brutto sogno. Degno di Dario Argento, ma solo un brutto sogno.

Al mattino a mia madre non dico nulla, per carità: già è agitata perché devo guidare per quasi 500 chilometri, ci manca che le racconti questa. Facciamo colazione e aspetto che passi mio padre per accompagnarmi in aeroporto, a ritirare l'auto a noleggio che ho prenotato. Che, però, non è pronta; in alternativa possono darmi una piccola utilitaria. Faccio presente che sarei più tranquilla con un'auto più grande e salta fuori una Renault Mégane, ma dalle 12 in avanti. Accetto e, non avendo tempo a sufficienza per andare al mare, io e papà decidiamo di passare a salutare Bartolo, il mio primissimo capo, diventato poi un amico, colui che ha preso questa ambiziosa diciannovenne e le ha insegnato tutti i trucchi del mestiere. Veniamo accolti da grandi sorrisi, in un'atmosfera che più estiva non si può: nell'aria c'è ancora il sapore del mare. Bartolo annaffia le piante, io e mio padre scherziamo e ridiamo con gli altri del gruppo, Paolo e Maria. Tra un caffè e una sigaretta racconto che una voce mi sussurra: "Ferma dove sei". Paolo mi suggerisce di ascoltarla: un giorno in più o in meno cambia poco, no? Io, però, voglio dimostrare professionalità e serietà e sono irremovibile: ormai ho deciso, vado.

Chiamo mamma per dirle che c'è stato un cambio di programma: una volta entrata in possesso dell'auto tornerò a casa per pranzare insieme. Senza rendersene conto lei ha cucinato per due: polpette al sugo, come piacciono a me. "Bene, è un segno."

Metto piede in casa e l'angoscia che mi ha assalito la sera prima ritorna, densa e pesante. Cerco di ignorarla e mi concentro sulle polpette, poi chiedo a mamma di fare un caffè: ormai è ora di partire. Nell'attesa mi viene in mente che non ho prenotato l'hotel, così scartabello tra i numeri della rubrica e mi affretto a telefonare. Il concierge, inaspettatamente, mi chiede un fax di conferma. «Un fax? Scusi ma sono una cliente abituale, provi a verificare...»

«Signorina, alle 4 arriva il collega e ho bisogno di qualcosa di scritto.»

«Guardi, in questo momento non posso inviarle un fax, come esco da qua salgo in macchina per venire da voi...»

«D'accordo, allora le chiedo la cortesia di chiamare dopo le 4, per confermare il suo arrivo.»

Incredula, provo a spiegargli che è assurdo: «Io mi sto mettendo in macchina per venire da voi, l'unico motivo per cui potrei non arrivare è se mi capitasse qualcosa per strada...». Ma non c'è nulla da fare e mi tocca promettere che telefonerò dopo le 4.

Sorseggiando il caffè, racconto a mia madre lo strano sogno della notte prima.

Lei mi ascolta, poi prende il libro della Smorfia dall'étagère del salone e me lo allunga. Inizio a sfogliarlo: qualsiasi parola consulti, il significato recondito è "disgrazia", "sciagura", "cattivo presagio"...

Alle 2 suona il campanello: è mio padre, è passato a salutarmi ancora una volta. Mentre la mamma gli apre la porta nascondo la Smorfia tra i cuscini del divano, non voglio che appena esco lei si agiti più del dovuto. Per sdrammatizzare, piuttosto, ci scherzo su: «Mamma, ho mangiato le mie ultime polpette, adesso fumo la mia ultima sigaretta e poi vado».

Un bacio a papà e salgo sulla Mégane. L'inquietudine mi perseguita e cerco di combatterla a colpi di musica dei Queen e di sole della Calabria. Il clima è da cartolina. Dalla tangenziale guardo un'ultima volta il mare che brilla, la gente in spiaggia... Il 22 agosto al lavoro, ma si può? "Certo che si può anzi: si deve!" mi dico, e imbocco l'autostrada.

Come mi allontano dalla costa, si scatena un acquazzone tremendo. Penso a Fely, Katia e Manu: le sere in cui non abbiamo sfidato fulmini e tempeste per andare a ballare, delle povere pazze... La pioggia non mi molla, a tratti si placa, poi riprende. Così fino a Cosenza.

Alle 4 mi chiama la mamma (quella che non vuole che parli al cellulare mentre guido). La tranquillizzo e, da brava bambina, le dico che sto appunto guidando, che stava piovendo parecchio ma che ora va meglio e che la chiamerò appena giunta a destinazione.

Dopo neanche dieci minuti ricomincia il diluvio universale. Sembro Fantozzi: al lavoro durante le ferie, con qualcuno che mi butta delle secchiate d'acqua sul parabrezza. Tra un rivolo e l'altro cerco di aguzzare la vista per intercettare un'area di servizio: non dovrebbe essere difficile perché ormai faccio i cinquanta... In questo casino c'è un bel ragazzo con i capelli corti, purtroppo cretino, che mi sorpassa, poi rallenta e mi si piazza davanti, poi si fa sorpassare, poi rallenta di nuovo: i tipici automobilisti che se potessi...

Finalmente adocchio il cartello della speranza: area di servizio a dodici chilometri, all'uscita di Frascineto-Castrovillari. Salvezza.

Tiro un sospiro di sollievo e l'auto comincia a galleggiare. È un attimo. Sono su un tratto in salita che curva leggermente a sinistra. Sento mio padre che mi racconta di quando faceva le gare di rally: "Se perdi il controllo non devi mai, dico mai, frenare!".

Tolgo i piedi dai pedali e impugno lo sterzo. Ho le nocche bianche per lo sforzo e cerco di tenere la macchina sulla destra, di seguire la strada, di non investire altre auto, penso che ce la faccio, devo farcela per forza, mi manca solo l'incidente in autostrada... Poi impatto contro il guardrail, l'auto rimbalza, vado in testacoda e mi schianto, ancora, contro il guardrail.

Era inevitabile, o forse era scritto. Per certo sembra la scena di uno di quei film che ho guardato centinaia di volte seduta comodamente sul divano abbracciando un cuscino.

Una frazione di secondo. L'urto e subito il buio.

Dura pochissimo. Riapro gli occhi e vedo gli airbag: esplosi.

"Com'è successo? Andavo pianissimo! Ero attenta!"

Mi verrebbe da piangere ma non ho tempo: sono sull'autostrada, o lì vicino, potrebbero investirmi. Fa caldo: da un momento all'altro l'auto potrebbe esplodere.

Devo uscire.

Tasto la portiera per cercare il cellulare, non c'è. Lo cerco in giro con gli occhi, non lo vedo. Provo ad aprire lo sportello, è bloccato.

"Se l'auto prende fuoco morirò qui, bruciata, e nessuno saprà che sono io!" Mi si gela il sangue: mio padre, mia madre, mio fratello, non li rivedrò mai più. Rischio di morire qui, adesso, da sola.

Un "aiuto!" roco e sbriciolato mi si arrampica in gola per uscire, ma non ho voce. Nessuno può sentirmi. Forse nessuno mi ha visto.

Devo trovare il cellulare. Con quello potrò chiamare i soccorsi. Potrò chiamare papà. Lui saprà cosa fare. Nella portiera non c'è, sul sedile non c'è, qua di fianco non c'è, forse è caduto.

Sposto gli airbag con le mani e mi accorgo che il guardrail è vicinissimo, proprio lì, sotto lo sterzo. Ritiro istintivamente le gambe, ma le gambe non ci sono più.

Il sangue, il mio sangue, è ovunque: sui vestiti, su quella dannata lamiera, sui sedili. Della sinistra vedo solo la coscia, è tagliata all'altezza del ginocchio, trema. Alla destra è attaccata parte del polpaccio, come un pezzo di tessuto strappato e penzolante. Il resto, con i piedi, è rimasto oltre il guardrail. Non lo posso vedere, ma ovviamente lo immagino.

Sono in gabbia, sono ferita e urlo e mi dimentico di cercare una soluzione, di provare a uscire dall'auto, del telefonino, delle persone: lì ci sono io, e sono senza gambe. Urlo e il mio volto si trasforma in una maschera di pianto – la bocca larga, gli occhi gonfi – e di dolore. Per la prima volta sento il dolore. È rosso e brucia e divampa in tutto il mio corpo e mi paralizza: forse è questa la morte? È forse questo che mi tocca? Una morte lenta e dolorosa, sola, senza gambe. Chiamo Dio, ma non ho le parole per pregare, né per chiedere aiuto. Ho forza solo per urlare e il mio è un grido viscerale: urlano le mie gambe monche, i miei occhi sbarrati. Urla il mio sangue sparso, urlano le mie lacrime: urla tutta la vita che scappa da me, che fuoriesce, che fugge.

Sono stanca, spezzata dal male. La possibilità dell'incoscienza mi seduce: lasciarsi andare, svenire, non sentire più niente.

Tremo: se mi addormento, se perdo il controllo, muoio.

Se mi addormento, se perdo il controllo, scelgo di morire.

La mia risposta è no. E torno io, torno Giusy.

Forse la macchina sta per esplodere, non posso aspettare qui, senza fare nulla.

Il pensiero "Dove vado senza piedi?" mi attraversa la mente, lo ignoro. Prendo a pugni lo sportello, niente. Il finestrino non si abbassa. La cintura di sicurezza non si slaccia.

Il guardrail è ovunque: attorno al sedile, dietro, davanti e persino nella pedaliera del passeggero. Il sedile alla mia destra però è libero. Vedo la mia borsa di pelle bianca, la mia preferita. Un bauletto Versace meraviglioso. Posso usarlo come rullo.

Strappo la cintura di sicurezza e provo a voltarmi. "Se mi appoggio sulla schiena posso fare forza e aprire lo sportello." Lascio andare tutto il peso sulla schiena, rotolo e provo ad appoggiare le gambe per allungarmi, ma cascano nel vuoto. Una fitta di dolore mi lacera mentre cerco di allungare le braccia. Trovo la maniglia e la tiro, non succede niente. La tiro ancora, più forte e velocemente, la tiro cento volte e non succede niente.

Sporgo la testa: lo sportello è bloccato, le sicure non si sono aperte. Tenendomi con le mani alla maniglia cerco di tirarmi su. Guadagno abbastanza centimetri da prendere a pugni lo sportello. La sicura finalmente salta: non sento nemmeno il dolore perché finalmente posso uscire. Aria. Vita. Scivolando sulla borsa esco fuori.

Sono sull'autostrada. Sento le macchine passarmi accanto, la pioggia inondarmi con una violenza inaudita. Devo muovermi da lì o potrei morire investita. Grattando con le unghie sull'asfalto cerco di allontanarmi. Non so quanto tempo mi ci vuole, non so dove arrivo. So che non ho più forza.

Ancora il dolore. Lancinante. E io sono esausta. Vorrei abbandonarmi alla stanchezza, dormire, dimenticare, svegliarmi nel mio letto, scoprire che ho avuto un incubo, ancora uno, e decidere di non partire. Ma sono obbligata a stare lì: non voglio appoggiare per terra, nel fango, le mie gambe strappate. Potrei prendere un'infezione. Cerco di sostenerle con le mani e pesano, scivolano, tanto che non sento più le braccia e la schiena, ma non le mollo. Urlo ancora, urlo senza voce eppure spero che qualcuno mi senta, qualcuno mi veda e mi porti via da lì. Passano i minuti e non succede niente, intorno solo la pioggia che cade pesante, mi obbliga a tenere gli occhi chiusi, le auto che sfrecciano – posso sentire il rumore, l'aria che si muove, gli spruzzi che sollevano. Continuo a pensare solo alle mie gambe, al fatto che non devo lasciarle cadere.

Mi rannicchio il più possibile, sono minuscola, sono invisibile, sono piccola come una bambina e mi spunta dentro una luce. È una preghiera. "Ave Maria..." Voglio invocarla, voglio chiederle aiuto, ma fa troppo male perché possa ricordarmi le parole. Riprovo: "Ave Maria, piena di grazia...". Riprovo ancora e ritorno indietro: "Ave Maria, piena di grazia...". Non mi viene, il seguito della preghiera, ma la Madonna è una mamma e mi ascolterà lo stesso: "Madonnina ti prego, aiutami, non voglio morire, ho solo ventotto anni, aiutami".

Piango e vedo mio nonno, Mimì, il papà del mio papà, che morì quando avevo sei anni. Penso a zia Marisa, che un tumore ha portato in cielo dieci anni fa. Piango per il dolore, piango perché mi mancano, piango perché li vorrei qui adesso. Piango e li chiamo come se fossero angeli e a un tratto sento un calore nuovo, un calore buono, quasi una carezza, sulla guancia.

Poi un rumore, diverso da quello delle auto che passano rasenti alla mia testa: sembrano passi. Apro gli occhi e giro la testa: asfalto e acqua, ma in lontananza riconosco un paio di anfibi, sempre più vicini, sempre più reali. Allora non è un'allucinazione! È un uomo, un uomo è corso in mio aiuto.

«Mi chiamo Giusy Versace, per favore chiami mio padre, si chiama Alfredo.» In preda alla disperazione gli ripeto il numero del mio papà, due o forse dieci volte. Lui è sconvolto, la scena che si trova davanti è cruenta, impensabile. Non sa cosa fare, non capisce bene cosa voglio, di chi sia questo numero, ma nel dubbio lo compone.

Si chiama Salvatore, è un omone alto e grosso con la barba.

Telefona a mio padre, prova a spiegargli dove si trova, chi è, cosa è successo. Lo sento nominare l'ospedale di Castrovillari, poi quello di Cosenza. Da terra sento l'eco delle grida di mio padre. Salvatore mi avvicina il cellulare all'orecchio, chiedendomi di dire qualcosa, per fargli capire che non sono morta. La voce sta per abbandonarmi, ma riesco a sussurrare: «Papino aiutami». Sento Salvatore spiegargli: «Il guardrail le ha tagliato le gambe» e realizzo che quel dannato guardrail che avrebbe dovuto proteggermi è diventato un'arma mortale.

Continuo a perdere sangue e chiedo a Salvatore di stringermi le ginocchia il più possibile. Chissà se ce le ho, le ginocchia.

Poco dopo arrivano tanti uomini, sento le loro voci, i passi concitati, vedo pantaloni e scarpe di tanti colori, percepisco il loro spavento, la disperazione generale. Sono in salvo?

Qualcuno mi stringe forte la mano, io ricambio con intensità triplicata, per sfogare il dolore: lui è Michele, volontario del 118 di Genova che, finite le ferie, rientra dalla Sicilia.

Poi ecco il volto di un poliziotto, che si china accanto a me, per terra. Parla piano, dolcemente. Mi chiede cos'è successo, se ricordo la dinamica dell'incidente, se ci sono altri mezzi coinvolti. Cerco di rispondere, finché le parole si arrotolano l'una sull'altra, lui mi dà un pizzicotto sulla guancia: «Tieni duro!».

Sono stanca. Le gambe mi fanno male.

Alzo un po' la testa, pensando di guardarmi i piedi. Voglio sollevarli e appoggiarli sul sedile dell'auto, per proteggermi. Ma non posso: le gambe sono tagliate, cadono giù per terra e al sedile non ci arrivano.

L'idea di stare con i moncherini nel fango mi angoscia, quindi chiedo ai primi piedi che arrivo a toccare di prendere la valigetta del computer che avevo nel bagagliaio. Voglio appoggiarci sopra le gambe. Me la allungano due anfibi, l'ultima cosa che vedo prima di chiudere gli occhi ed entrare nel buio.

Ricordo la pioggia sul mio viso, voci veloci di uomini accanto a me, il rumore delle eliche dell'elicottero. Non sono più sola: c'è qualcuno che sta facendo di tutto per salvarmi la vita. Sono i miei angeli. Improvvisamente non provo più il bisogno di recitare l'Ave Maria: la Madonna è già con me. Mi viene in mente di dire che il mio gruppo sanguigno è lo 0RH negativo, molto difficile da trovare perché può donare a tutti ma può ricevere solo dallo stesso.

Mi intubano lì, sull'autostrada. Sento il medico dire di verificare il mio gruppo sanguigno, cerco di rispondergli ma non mi muovo più, l'unica cosa che ancora funziona è la testa, dentro la quale rimbomba la mia voce che prova incessantemente a dire: "0RH negativo, 0RH negativo, 0RH negativo...".

Baci in fronte

Il risveglio è il caldo e tenero abbraccio di un'infermiera del reparto di rianimazione.

Sono all'ospedale di Cosenza. Scopro che l'elisoccorso ha volato velocissimo: sono arrivata in sette minuti. Scaccio il pensiero di cosa sarebbe potuto succedere con un'ambulanza e tutta quell'acqua e mi guardo intorno. Attorno al mio letto ci sono tanti infermieri e medici. Sorridono. Sono lì per darmi una parola di conforto, probabilmente impressionati dal mio incidente.

Uno di loro, che scoprirò chiamarsi Antonio Lombardo, prova a spiegarmi cos'è successo. Lo anticipo: «Dottore, ma io lo so di non avere più le mie gambe. Ricordo ogni singolo istante». Sorrido per un attimo e loro ricambiano. La mia voce è un sussurro: sono intubata all'altezza della gola.

Lombardo mi porge un foglio. Sopra, una dedica: "E chi ti ammazza a te?! Sempre unite le 4DP". Fely, Katia e Manu: sono lì fuori! Il papà di Katia ci chiamava così quando avevamo sedici anni e gli toccava portarci in giro tra feste e discoteche: "Quattru da petrazza", come dire "le ragazze del muretto". Darei qualsiasi cosa per vederle adesso ma il dottore mi spiega che nessuno può ancora entrare, così gli chiedo di rispondere. Con il suo aiuto riesco a tenere la penna in mano e scrivo: "Pensavate di liberarvi di me così facilmente? Invece no! Eheheh, tornerò presto in piedi. Vi voglio bene".

Questo sforzo ha consumato tutte le mie energie. Sono debole e mi fanno male le gambe. Non mi spiego perché sento tutto questo dolore alla caviglia o al polpaccio, che non ho, e soprattutto perché sul letto una specie di baldacchino tenga il lenzuolo sollevato. Forse per non farmi impressionare?

Uno dei medici mi spiega che il baldacchino serve per evitare che il lenzuolo sfreghi contro le mie ferite, ancora fresche, e che al dolore avrei dovuto fare l'abitudine. Si chiamano "dolori dell'arto fantasma": secondo il mio schema corporeo le gambe le ho, mi fanno male, le sento persino muoversi.

Appena il primario con il suo codazzo di infermieri e specializzandi se ne va rimango da sola. Per modo di dire: in rianimazione non si è mai soli. Sento il *bip-bip* delle macchine, il battito del mio cuore, quello degli altri pazienti. So che ci sono ma non li vedo, non in faccia. Sono tutti ancora addormentati, o in coma farmacologico.

Non posso muovermi: il tubo dell'ossigeno, i drenaggi, la flebo mi impediscono di tirarmi su, di girarmi su un fianco. In ogni caso non ce la farei: sono esausta. Rimango a fissare il soffitto: quadrati bianchi interrotti da luci al neon.

Provo a dormire, ma appena incontro il buio il ricordo dell'incidente e la paura di morire mi sommergono. Sono costretta a riaprire gli occhi. Mi scende una lacrima e per asciugarla sollevo con fatica una mano: è gonfia, livida, non sembra nemmeno mia.

Sapevo tutto, avevo visto tutto, in sogno: la strada obbligata, la curva a sinistra, il guardrail che si trasforma in un'arma e taglia via parte di me. Sarebbe stato meglio ascoltare la voce che mi diceva di non partire. Ma almeno sono viva. In un reparto duro come la terapia intensiva è un privilegio.

Il *bip-bip* delle macchine continua a occupare lo spazio sonoro, insieme ai passi degli infermieri, ovattati dai calzari di carta, e a qualche parola sussurrata. Capire quanto tempo sia passato da quando ho parlato con i medici è impossibile: sul muro di fronte a me c'è un orologio, se abbasso la testa lo vedo, ma mi sembra che le lancette non si muovano mai, o forse il tempo non passa.

Sono stordita dalle medicine e dal dolore, non riesco a realizzare cosa mi aspetta.

Finalmente un infermiere si avvicina e mi chiede chi per primo voglio incontrare della mia famiglia: scopro che fuori c'è tantissima gente per me, un'infinità di parenti e amici, che potranno entrare solo uno a uno, una volta al giorno.

Le prime nomination sono senza dubbio per mia madre, mio padre, mio fratello e il mio ragazzo. La scelta è quasi immediata: mia madre. Papà è il primo che ho fatto chiamare quando ero in fin di vita sull'autostrada, mio fratello e il mio ragazzo capiranno. Mia madre sicuramente sarà a pezzi. Mi sento più sicura al pensiero che sia lì – che siano lì in tanti – ma mi distrugge l'idea del dolore che gli sto arrecando. Io non avrei mai voluto fargli questo. Mi faccio forza: se sono forte io potrà esserlo anche lei.

Mamma era fuori dalla porta in pole position e in pochi minuti appare, coperta da un lungo camice verde, di quelli che usano i medici nelle sale operatorie, una cuffia a nascondere la piega perfetta e una mascherina sul viso. Una volta accanto a me la toglie, e posso riconoscerla: ecco il suo meraviglioso sorriso fiero e deciso! Ha appena finito di piangere, ma non vuole che me ne accorga. Prima di entrare si è sicuramente sistemata il trucco, rimessa il rossetto rosso, pettinata i capelli.

Mi prende la mano e la stringe forte. Io le sorrido. Vorrei abbracciarla, ma non posso muovermi e mi agito. La sua voce, però, mi tranquillizza: dice che tutti sono pronti ad aiutarmi e sostenermi, e «tuo padre si sta già informando sul centro migliore che c'è al mondo. Vedrai che tornerai presto a camminare!».

Ora il suo sorriso è tirato, gli occhi sempre più lucidi. Sta per scoppiare ma lei... non piange. Mi mette nella mano sinistra una piccola casetta di legno con dentro l'immagine di Padre Pio e mi dice di tenerla stretta. Forse l'ha portata la fidanzata di mio fratello, appena rientrata da San Giovanni Rotondo.

Toccandomi la sinistra, mi rendo conto di non avere più al dito il rosario d'oro che mio padre mi ha regalato quando avevo dodici anni e che non ho mai tolto. Provo a dire alla mamma che non lo trovo, che forse l'ho perso nell'incidente, di riferire a papà che mi dispiace, ma lei mi accarezza e mi spiega con calma che i medici me l'hanno levato prima di portarmi in sala operatoria. Ce l'ha lei. Me lo fa vedere e prova a rimettermelo, ma il dito è troppo gonfio, non ci passa.

Quasi subito arriva un dottore, a chiederle di uscire. Con gli occhi lucidi e un mezzo sorriso mi stringe la mano ancora una volta, mi dà un bacio sulla fronte e se ne va.

La notte è lunga e dolorosa. Non riesco a chiudere occhio, mi sorprendo a pensare che per fortuna non spengono mai tutte le luci, così non devo rimanere da sola al buio. Tengo lo sguardo fisso sulle lancette dell'orologio, che si muovono lentamente.

Capisco che è giorno dal numero degli infermieri, che improvvisamente si moltiplicano. Con mia grande sorpresa, uno di loro si avvicina a me con un macchinario strano: serve per farmi delle lastre ai polmoni. Pare che nell'incidente io abbia subito delle lesioni polmonari e, finché non sono sicuri che queste lesioni non sono gravi, non mi faranno uscire da lì.

Dopo le lastre un'infermiera si presenta con un cuscino nuovo. Mi solleva per poter fare il cambio e, attraverso il vetro della stanza, vedo mio fratello. È proprio lui. Quasi non lo riconosco, coperto da mascherina, cuffietta e camice. Tiene le mani appoggiate al vetro, mi guarda e piange in silenzio. È un colpo al cuore. Nei suoi occhi il terrore, l'ansia, la rabbia. Sta pensando qualcosa come: "Eccola, in un letto di ospedale, senza gambe e chissà cos'altro Dio avrà previsto per lei. Una vita sulla sedia a rotelle! Avrà bisogno sempre di qualcuno!".

Improvvisamente realizzo. La sua preoccupazione per il futuro attraversa il vetro e mi colpisce, come un pugnale.

Mio fratello, il mio specchio.

Mio fratello, la mia roccia, il mio cucciolo.

Ha tre anni meno di me: oggi un soffio, tantissimi quando ne avevamo dieci e tredici, io volevo uscire con le mie amiche, magari tenere per mano il primo fidanzatino e avevo sempre attaccato dietro il fratellino piccolo. Oggi rido se penso che allora non lo tolleravo tanto era appiccicoso e adesso, invece, non potrei farne a meno. Al tempo non mi mollava: io volevo lasciarlo a casa e lui voleva seguirmi ovunque. D'altra parte, senza di lui, di uscire non se ne parlava, nostra madre non me l'avrebbe mai permesso, quindi non avevo scelta. Lui però era un mito: si sentiva fighissimo perché credeva di dovermi proteggere da chissà che cosa, e poi frequentava quelli più grandi! Alla fine anch'io mi sono arresa all'evidenza, lui ha fatto amicizia con tutti ed è diventato la mascotte del gruppo. Ne ero fierissima: era mio fratello!

I nostri genitori si sono separati quando avevamo circa quell'età lì. È stato difficile perché quando l'unico pensiero delle mie amiche era "vorrei tanto quel paio di jeans", il mio era "devo andare a mangiare da mia madre o da mio padre? Devo andare a dormire da mia madre o da mio padre?".

Io e Domy eravamo terrorizzati dall'idea che ci dividessero, uno in una casa e uno nell'altra. Anche per questo lui mi stava costantemente appiccicato. Già ci è toccato passare Natali e Capodanni separati, uno con la mamma e l'altro con il papà, tristissimo; ci mancava solo che ci allontanassero.

Mi sentivo un po' una pallina da ping-pong, e la cosa mi faceva imbestialire.

Eravamo arrabbiati con nostra madre: troppo piccoli per capire le ragioni di quella scelta, anche se in effetti in casa era un litigio continuo. Dire che sono stata un'adolescente ribelle è un eufemismo: a quindici anni tornavo a casa alle cinque del mattino, dicevo parolacce, sbattevo le porte in faccia, non ascoltavo, rispondevo male...

Un giorno decisi persino di scappare di casa, volevo andare a Messina. Ovviamente a tredici anni, senza soldi, senza documenti, senza niente, non sarei mai arrivata da nessuna parte, però avevo deciso di fare un dispetto e volevo riuscirci.

Domy avrà avuto dieci anni, forse faceva ancora la quinta elementare. Le nostre scuole erano vicine e quando uscivo me lo trovavo lì, pronto a fare la strada insieme.

Io quel giorno però volevo scappare, quindi lui era un ostacolo. Gli dissi di tornarsene a casa da solo, che sarei andata via. Lui era disperato: «Ma Giusy, non puoi lasciarmi solo». Io ero arrabbiatissima: mi sembrava di essere l'unica persona responsabile della casa, l'unica a prendersi cura di lui, ma volevo essere spensierata e libera come le mie amiche, così lo scacciai. Come nei film: «Ti ho detto che devo andare!» urlai, e gli diedi uno schiaffone che ancora mi fa sentire in colpa quando ci ripenso. Era così forte che fece un giro su se stesso e, invece di scappare via o di dirmi tutto quello che mi sarei meritata, mi chiese: «Perché mi tratti così?».

«Ho deciso che me ne vado di casa! Devi lasciarmi stare, non ti voglio.» Crudelissima.

Lui si mise a piangere in un modo che mi fece tenerezza, e alla fine decisi di tornare a casa con lui.

Da quel giorno siamo diventati come Cip e Ciop, Topolino e Pluto, Batman e Robin: una coppia invincibile. Negli anni successivi sono andata ogni giorno a controllare che entrasse a scuola, che non frequentasse brutti giri. Se lo cuccavo con la gente sbagliata gli tiravo le orecchie e lo prendevo con me. Quando ho finito il liceo e lui era già più grande, lo ripescavo se bigiava la scuola e lo costringevo a tornare in classe.

Oggi ci adoriamo, ci sentiamo quattro o cinque volte al giorno anche se viviamo insieme, a Milano. Si è trasferito da tre mesi, praticamente l'ho convinto io attirandolo in ogni modo, perché facesse qualche esperienza lavorativa diversa. Lui ama guidare e ha iniziato in ATM come tramviere, gli piace da morire e ha imparato tutte le strade e le scorciatoie.

Milano la odia, è chiaro: il sole è tutto diverso, il mare non c'è, la gente è più sulle sue. Ricordo il giorno in cui con prepotenza gli ho svuotato la valigia: «Scusa, ma che aspetti?! Ormai ti sei trasferito: vivi qui, se non l'hai capito. Dunque le valigie si mettono via e i vestiti nei cassetti!». Se ne stava seduto sul letto e mi guardava pieno di malinconia mentre gli ritagliavo uno spazio nel mio armadio. Gli mancavano i suoi amici, la spensieratezza della vita lenta e tranquilla che aveva a Reggio Calabria.

Come dice il cartello: NON PARLATE AL CONDUCENTE. Il tramviere non è che sia un mestiere per gente ciarliera, così appena arrivato l'ho portato subito da Caty, nostra cugina, che vive a Milano 3, pensando che se avesse avuto un altro punto di riferimento a parte me non si sarebbe sentito troppo solo durante le mie assenze per lavoro.

Avrei scoperto dopo che era da lei quando nostro padre gli disse che ero in ospedale. Lo chiamò al cellulare e bruscamente gli comunicò: «Tua sorella ha avuto un brutto incidente. Non sappiamo se ce la farà. Sappiamo solo che ha perso le gambe. Prendi il primo volo e vieni qui!».

Corse in aeroporto, senza neanche fare i bagagli.

Ora è lì, davanti a me, dietro quel vetro, in attesa che qualcuno gli dia l'autorizzazione a entrare.

Faccio in tempo a vederlo muoversi prima che l'infermiera mi appoggi di nuovo sul cuscino. È morbido e sa di pulito.

Sopra di me ancora lo stesso soffitto, tre quadrati, un neon, tre quadrati, un neon. Spero con tutta me stessa che Domy entri e il mio desiderio si avvera: vedo i suoi occhi comparire sopra di me. Si toglie la mascherina, mi prende la mano e scoppia a piangere. Mio fratello, il mio specchio. Non riesco a ricacciare indietro le lacrime, non riesco a girarmi per guardarlo meglio se non con il volto, non riesco nemmeno a tirarmi un po' su per abbracciarlo. Mi escono solo tre parole: «Mi dispiace Domy».

Lui fa un grosso respiro, si asciuga il viso con la manica del camice, mi guarda negli occhi e dice: «Non preoccuparti sorellina, non sarai mai sola».

Mi sembra che lui possa tutto in quel momento: mio fratello, il mio angelo custode.

E con lui anch'io. Sono viva, sono insieme a lui. Ce la faremo.

Di pomeriggio i medici fanno uno strappo alla regola e lasciano entrare anche papà. Pochi minuti, ma mi aiutano a sentirmi meglio. Lui, semplicemente, è felice perché sono sopravvissuta. È anche spaventato, come tutti gli altri, ma è anche felice, e si vede. Dice che non devo preoccuparmi: sono viva e questo è quanto, poi troveremo il centro migliore del mondo e tornerò a camminare.

Da buon padre che vuole sempre avere tutto sotto controllo, però, comincia a chiedermi cosa stessi facendo prima di sbandare. Non si capacita di come sia potuto succedere. «Forse fumavi? O parlavi al cellulare?»

«Niente, papà, ti giuro. Sono stata prudente ma l'acqua veniva giù come un fiume in piena e io non ho potuto fare nulla.»

Non faccio in tempo a finire la frase che un'infermiera lo sta già invitando a uscire. Lui mi stampa un bacio sulla fronte e se ne va, non prima di avermi mimato con le mani l'enorme quantità di gente che è lì fuori per me.

«Non agitarti»

Il privilegio di essere svegli in una terapia intensiva dove dormono tutti è gustarsi i teatrini simpatici che, a volte, capita di vedere tra gli infermieri.

Alcuni hanno scommesso sulla mia nazionalità: sono talmente scura che non sanno decidersi. Mi viene quasi da ridere. Sorrido e rispondo con fierezza che sono una semplice calabrese abbronzata e che, pur trapiantata a Milano, non avrei rinunciato per nulla al mondo al sole della mia terra.

Un ragazzo giovane, soprannominato "Gabibbo" per la simpatia e la stazza, cerca in ogni modo di farmi sorridere e prende di mira i colleghi, rincorrendoli per il reparto, spruzzandoli d'acqua con una siringa e facendomi l'occhiolino ogni volta che ne colpisce uno.

Accenno a una risata ma mi scappa un pensiero: io non potrò mai più rincorrere qualcuno come sta facendo lui.

I giorni passano lenti. Finché le lesioni polmonari dovute allo scoppio dell'airbag non si sono riassorbite non posso uscire.

Sono in rianimazione da cinque lunghi giorni quando, finalmente, mi danno il permesso di bere. Mi portano un succo di frutta: la bottiglietta è dentro un sacchetto di carta bianca; sopra, un messaggio: "Ciao, sono qua fuori che ti aspetto". È da parte di Fabrizio, un mio caro amico di Reggio trapiantato anche lui a Milano da molti anni. Il mio migliore amico maschio, potrei dire, oppure un fratello acquisito. Appena ha saputo del mio incidente si è precipitato in ospedale per starmi vicino. L'infermiera mi racconta che per giorni è rimasto in corridoio a prendere a calci e pugni la porta della terapia intensiva, gridando: «No! A Giusy no!!!». Mi chiede se sia il mio ragazzo, le rispondo di no, che però ho molti amici, e succhio avidamente dalla cannuccia. Da quel giorno, mattina e pomeriggio ricevo i suoi succhi di frutta, il suo modo per dirmi: "Io ci sono e sono qui".

Le notti sono interminabili. Ce la metto tutta per dormire ma non ci riesco. "Se chiudi gli occhi muori": lo penso continuamente, soprattutto quando si dà per scontato che uno si addormenti, dopo pranzo, la sera. È un incubo, non riesco a spiegarlo a nessuno, nessuno ha vissuto quello che ho vissuto io. Solo io lo so: devo rimanere vigile, sveglia, se mi lascio andare muoio. Voglio addormentarmi, ma questa convinzione è più forte. So che non è vero, ma non posso farci niente: vince sempre lei.

Nonostante i medicinali, il dolore è lancinante. E, se per caso mi assopisco, rivedo l'incidente, il guardrail, le mie gambe lì sotto. Apro gli occhi e guardo l'orologio sulla porta: sono ancora le 3.15, come ore fa.

Tutte le volte che incrocio l'orologio – coincidenza o segno? – sono le 3, o le 3.15. Alle 3.15 sono nata. Forse questa è una rinascita?

Cerco di dominare il dolore stringendo i denti: non voglio lamentarmi, voglio fare la brava e uscire di qui il prima possibile. Chiudo forte gli occhi, forse se li chiudo bene riesco a dormire, a non sentire più niente. È allora che sento una mano che mi massaggia lentamente la pancia, mi dondola, come si fa con i bimbi per farli addormentare. Spalanco gli occhi credendo di vedere un'infermiera, invece sono sola sotto il solito soffitto, davanti al solito orologio che segna le 3.15. Sollevo a stento la testa cercando di guardare ai piedi del letto e vedo una specie di nuvola trasparente sopra di me. "Forse ho le allucinazioni" penso. Vorrei raccontarlo a qualcuno, ma nessuno è sveglio, gli infermieri sono tutti lontani. Interrotto solo dal *bip* che amplifica il mio battito, il silenzio sembra denso, infinito. Per resistere al dolore stringo forte i pugni aggrappandomi alle lenzuola e rompo la piccola casetta di legno che mi aveva dato mia madre giorni prima. Su una faccia c'era l'immagine di Padre Pio, sull'altra una preghiera: "Prega e spera, non agitarti, l'agitazione non giova a nulla. Iddio è misericordioso e ascolterà la tua preghiera".

Lo leggo e lo rileggo: com'è vero! È inutile che mi agiti. Ormai le gambe le ho perse e lamentarmi non allevierà il dolore.

Mi commuovo: per la mia vita di prima, per tutte le persone che mi sono intorno. Per le mie gambe, per la mia agitazione inutile. Perché sono un essere umano. Perché non lo so se sono forte abbastanza.

Devo pregare. Provo a recitare il Padre Nostro e l'Ave Maria e dentro di me trovo una luce, la stessa luce che ho avvertito dopo l'incidente, la stessa luce che mi dice: "Ce la farai". Le gambe mi fanno male, ma questa volta piango perché mi sento invasa d'amore. Piango in silenzio, come i guerrieri. Come le persone che si sentono amate, che di gridare non hanno bisogno. Sono tra loro: chi mi ama è lì con me, in quel momento. Mi sta cullando. E io, finalmente, posso abbandonarmi al sonno.

Il mattino dopo il primario, dottor Carenzi, mi dà un pizzicotto sulla guancia e delibera: «Oggi uscirai da qui. Devi esserne felice. Vedrai che presto tornerai anche a correre».

Per educazione non rispondo ma dentro di me penso che sia folle: crede di avere a che fare con una bambina? Io sono realista e, soprattutto, adulta. Correre senza due gambe?! Come fa a dirmi una cosa del genere?

Passo le ore seguenti in fibrillazione: non vedo l'ora di uscire e di tornare nel mondo. Nonostante gli sforzi e la simpatia degli infermieri che ho conosciuto, non ne posso più della terapia intensiva, del suo silenzio, della solitudine che richiede e della meditazione che impone.

Finché vedo spuntare Lombardo con una macchina fotografica. «Oggi è un grande giorno! Devi farmi un bel sorriso, perché sono pochissimi quelli che riescono a uscire vivi da questo reparto!»

Mi scatta una foto mentre un gruppo di infermieri spinge il mio letto lungo il corridoio che mi porterà fuori da lì, verso i miei genitori, gli amici e i parenti.

Dietro la porta, una forte luce mi costringe a chiudere gli occhi: sento un applauso e le grida di gioia dei miei cari, pronti a condividere con me un lungo e faticoso periodo di ripresa.

L'amore è una culla

Ancora un po' stordita, apro gli occhi e mi trovo in una stanzetta del reparto di ortopedia. Quasi non vedo i muri: la stanza scoppia di gente! Ci sono papà, mamma e Domy, ma anche altri – amici, parenti, volti nuovi.

Mi sento a casa, al sicuro. Mamma e Domy sono ai due lati del letto, e mi tengono una mano ciascuno. Di fronte a me c'è papà. Appena sono in grado di parlare, riprende implacabile l'interrogatorio iniziato in rianimazione: «Ma cos'è successo?». Proprio non si capacita, ma questa volta ho tutto il tempo di spiegargli.

Ricordo ogni cosa nel dettaglio. Racconto, rivivendo, quanto accaduto quel giorno: la perdita del controllo dell'auto, le preghiere, come cercavo di tenere le gambe alte, o meglio quello che ne restava. Mi viene da piangere ma voglio dirgli tutto ciò che so: per me è fondamentale che lui sappia che non facevo nulla per mettermi in pericolo, che non è stata colpa mia. Non è stata colpa di nessuno, forse della pioggia, della strada, del destino.

Mi agito: voglio che sia chiaro, voglio trovare la forza e le parole per convincerlo. Le lacrime mi rigano il volto. Papà vorrebbe continuare ad ascoltarmi ma capisce che non è ancora il momento. «Non preoccuparti» mi dice «ne parleremo.»

"Non agitarti", come diceva la preghiera di Padre Pio, ma anche "non preoccuparti" diventano una specie di mantra che mi ripeterò da sola e mi sentirò ripetere innumerevoli volte nei mesi a venire.

Sono viva, sono fuori dalla terapia intensiva. Piccoli passi: ora il mio obiettivo è rimettermi in forze per uscire dall'ospedale. E con un tifo da stadio del genere è quasi impossibile pensare di non farcela!

Tra le tante facce riconosco Alba Neri, la mia ex prof di francese.

Saggia, determinata e capace di ascoltare come pochi, Alba era in grado di infondere una calma che definirei olimpica persino alla turbolenta me degli anni del liceo. Ricordo la sera prima della maturità: arrivo a casa sua a pezzi per l'ansia da bocciatura, ne esco alle due del mattino, dopo aver ripetuto parte dei racconti del poeta Lamartine sul tema "*le temps qui passe*" e sentendomi un leone. Quanta pazienza e che amore per il suo lavoro! L'ho adorata per questo.

È stata un punto di riferimento importante per tanti anni, compreso quando, diciannovenne, ho deciso che dovevo far vedere chi ero e me ne andai a vivere a Londra. Da sola. Senza l'aiuto di nessuno.

Finito il liceo mi ero iscritta a Giurisprudenza: mio padre diceva che dovevo fare l'avvocato e dopo anni di lavaggio del cervello mi aveva convinto. Vado a dare il primo esame, Esegesi, prendo 18, lo rifiuto e il giorno dopo lascio perché proprio non faceva per me. Io volevo fare il pilota di aerei, l'interprete, la designer... avevo un sacco di sogni – tutti chiaramente diversi dal suo: dovevo decidere quale trasformare in progetto.

Visto che erano tutti percorsi privati, richiedevano un esborso importante: è allora che ho deciso che non avrei mai più chiesto soldi a nessuno.

La predisposizione all'indipendenza c'era: dall'età della ragione in avanti avevo lavorato tutte le estati per guadagnarmi i soldi delle vacanze, facendo quello che riuscivo a trovare, dall'impiegata in un'impresa edile alla venditrice durante la campagna vendita in showroom per Benetton.

Il mese dopo avevo trovato lavoro a Londra. Incontrai per caso una mia vecchia compagna di scuola, che d'estate aveva soggiornato presso una famiglia di West Acton – madre inglese, padre italiano e figlia di tre anni. Cercavano una babysitter.

"Stai a vedere che non so badare a una bambina di tre anni..." mi dissi, prima di sottrarre la carta di credito a mio padre e prenotare un volo per Londra. Il biglietto costò una cifra smisurata perché avevo deciso la data di partenza ma non quella di rientro: diciamo che gli feci un ultimo dispetto prima di non chiedergli mai più niente... Se devo dirla tutta, però, prima di partire mi fece un regalo magnifico, e cioè uno dei primissimi cellulari, quelli fatti a mattonella, con l'antenna telescopica. "Così possiamo sentirci sempre." Come no?

L'impatto con la città fu tremendo. Avevo studiato al linguistico e preso lezioni private di inglese, ma comprendere il loro accento era una scommessa. Ero abituata al clima di Reggio e mi sono trovata in una Londra grigia, buia, fredda. Per me il massimo del gelo erano diciotto gradi a dicembre: in Inghilterra vivevo imbacuccata con due paia di collant e tre maglioni, uno sopra l'altro.

In casa dividevo la stanza con una ragazza tedesca, Angela, che alloggiava lì mentre studiava inglese in un college. Nel piano interrato era confinato un altro studente, il cinese Chen: pronuncia incomprensibile ma grandi sorrisi e salamelecchi. Rimasi scioccata dalla mancanza del bidet e dall'onnipresenza della moquette, ma soprattutto dal fatto che mi fosse assolutamente vietato mettere il pannolino alla bimba, "perché si abitua male". Ovviamente, a tre anni faceva i suoi bisogni ovunque. In sostanza passavo la giornata a inseguirla e a pulire. Finché la signora non cominciò a darmi pure dei panni da stirare, a indicarmi dove e come spolverare, a chiedermi di cucinare, fare commissioni... di tutto. Provai a spiegarle che "babysitter" non significa "cameriera", nemmeno in inglese, ma non riuscivamo a intenderci.

Credevo sarebbe stato più facile. La sera mi attaccavo al telefono a tutte le ore pur di sentire una voce amica. Purtroppo, dopo la prima bolletta di soli un milione e mezzo di lire, fui costretta a dimenticarmi il cellulare e, da quel momento, cominciai a passare ogni ora libera alla cabina telefonica. Chiamavo i miei, ai quali raccontavo che andava tutto alla grande; il fidanzato, che era sempre al lavoro e finivo per parlare con sua madre, e le mie amiche: Katia, Manuela e Felicetta. Katia e Manu si facevano due risate ai miei resoconti quotidiani, mentre Felicetta sbraitava: «Sei una masochista! Perché rimani lì se devi stare male?! Torna a casa!». Prima di rientrare nel mio personale incubo, però, una telefonata era riservata ad Alba. Lei non mi ha mai scoraggiata, anzi: mi caricava dicendomi di tenere duro, di avere pazienza. Mi avvisò che ci sarebbero voluti mesi per ambientarmi in un contesto così diverso dal mio. Tutti i giorni mi ricordava i motivi per cui ero partita e mi ripeteva: «Se torni fallisci! Stringi i denti, puoi farcela. Un giorno mi ringrazierai...». Aveva ragione, come sempre!

Ero rimasta e ce l'avevo fatta, anche se in modo, diciamo così, "creativo": lasciai la bimba di West Acton al suo destino e andai a vivere con due ragazze romane che avevo conosciuto alla cabina telefonica. Eravamo in subaffitto da un diplomatico curdo. La casa era pazzesca, ma ogni settimana veniva qualcuno a controllare che lui vivesse realmente lì: dovevamo fingere di essere ospiti, rispondere che lui era fuori e tenere i vestiti nelle valigie, per rendere il tutto più credibile. Far quadrare i conti era durissima: già Londra è cara, e io per non farmi mancare niente avevo anche iniziato a fumare... Un pacchetto costava l'equivalente di diecimila lire: una tragedia. Per sopravvivere ho fatto cento lavori: dalla hostess congressuale alla commessa di oggettistica all'impiegata in un takeaway. A forza di patatine fritte e di telefonate più o meno incoraggianti ce l'ho fatta, però, e quando sono tornata l'ho fatto da vincitrice: avevo dimostrato a mio padre – ma soprattutto a me stessa – che da sola ero in grado di mantenermi.

Questa volta, però, niente telefono. Io sono in un letto d'ospedale con due gambe amputate e Alba lì, davanti a me: si è fatta 200 chilometri per venire a tenermi la mano e a dirmi, ancora una volta, «Sei forte, non mollare!».

Mamma gestisce il traffico di gente, dentro la stanzetta siamo talmente tanti che non ci stiamo nemmeno tutti. C'è pure Sacha, il mio fidanzato. Praticamente siamo cresciuti insieme: è il mio ragazzo da quando ho diciott'anni, lui tradizionale e tranquillo, io rivoluzionaria e imprevedibile. È nascosto in un angolo, accanto a Felicetta, mi si avvicina per ultimo. Non è paura, credo che sia delicatezza nei confronti degli altri. Sacha ha sempre avuto, sin da piccolo, atteggiamenti più da adulto che da ragazzino: è la cosa che di lui mi era piaciuta subito.

Mi era stato dietro per mesi, era entrato nel giro dei miei amici pur di conoscermi. Io non me n'ero neanche accorta, non era il mio tipo, poi mi ha invitata fuori e mi ha conquistata con i suoi modi da trentenne: aveva garbo nel parlare, modi gentili, preferiva i ristoranti alle pizzerie e anziché regalarmi cretinate sceglieva le cose giuste. Era diverso da tutti quelli che avevo conosciuto fino a quel momento. A diciannove anni lavorava come un dannato nel negozio di famiglia invece di bighellonare in giro. Aveva una famiglia molto unita, e per me era importante: era il periodo in cui litigavo costantemente con mio padre, gli facevo i dispetti, non gli rispondevo al telefono... Sacha mi ha dato quella tranquillità "familiare" che a casa non trovavo: era il mio porto sicuro. Sapevo che c'era, e per me questo era fondamentale.

Non ha mai accettato la mia scelta di andare a Londra, ancora meno quella di vivere a Milano. Mi ha sempre chiesto di tornare a Reggio, a lavorare insieme, ma l'idea di mischiare gli affari e gli affetti non mi ha mai allettato. Forse, semplicemente, per lui non ero disposta a rinunciare alla mia carriera, ai miei orizzonti, ai miei sogni. Quindi facevo di tutto per cambiare argomento e per non fargli pesare la distanza che ci divideva. Ogni occasione era buona per tornare a casa: un weekend, una festa, un compleanno. Il punto è che alla fine, per stare con lui dovevo lavorare anch'io. Per lui la parola "pausa" non esiste: in dieci anni non siamo mai andati in vacanza insieme! Continuava a ripetere: «Avremo tempo per farci una vacanza, ora è tempo di lavorare». C'era sempre qualche fornitore da conoscere o un campionario da visionare. Pur di stare con lui, lo aiutavo: trascorrevo le feste di Natale nel suo negozio a vendere o a fare gli inventari di fine anno. Tutto sommato mi divertivo – anch'io ho sempre amato lavorare e poi, con lui, c'era sempre qualcosa di cui ridere o da imparare. Mentre lui si dava così da fare io esploravo le mie potenzialità: Londra, poi Milano.

Sacha mi faceva sentire al sicuro, e le vacanze, pazienza, ci andavo con le amiche!

Quando finalmente si avvicina al mio letto è una maschera di tensione, ma si sforza di sorridermi. Mi stringe la mano e mi dice la cosa che ho bisogno di sentirmi dire: «Giù, io per te ci sarò sempre, capito? Non ti lascerò mai». Ancora una volta sento le lacrime sgorgare: il mio fidanzato mi vuole anche se non ho le gambe. Poteva sparire e non l'ha fatto e io non posso che ringraziarlo per questo.

Il dolore è una gabbia con sbarre troppo pesanti per riuscire a piegarle e fuggire. Non passa, neanche per un minuto, e porta con sé la condanna all'insonnia. Sono giorni che non riesco a dormire. Per fortuna c'è sempre qualcuno con me, dunque non ho molto tempo per annoiarmi nemmeno di notte, quando il tempo non passa mai.

C'è mia madre, inchiodata a una sedia a sdraio che le ha prestato un'infermiera, e non si muove nemmeno per andare a prendere un caffè.

Ci sono tutti gli infermieri e i medici del reparto, che mi hanno adottato. Ogni tanto compaiono persino quelli della terapia intensiva: da buona calabrese ho la stanza piena di cose da mangiare e le offro a tutti. Il dottor Lombardo scherza dicendo che anche lui, come il papa, vuole i suoi fan, e io sono la sua prima "Lombardo girl". Corrado, juventino sfegatato, mi aggiorna su tutte le partite, anche quelle della Reggina.

È invece Natale Pietro, un altro medico, a parlarmi per la prima volta della cosiddetta "bomba antidolore": una flebo con un mix di otto diversi antidolorifici. Grazie a quella, le giornate diventano più sopportabili.

Ho ancora il baldacchino che tiene sollevato il lenzuolo per evitare il contatto con le ferite, ancora fresche, che non tollerano alcun tocco.

Insisto spesso perché a rifarmi le medicazioni sia Achille Scalercio, il vice del primario, del quale, invece, ho paura: il professor Togo ha un'aria così burbera e seria che quando appare temo qualche cattiva notizia. Scalercio, al contrario, è giovane, bello e straordinariamente delicato. Le ferite mi fanno tanto male ma io non posso vedermi. Nessuno può, tranne gli infermieri.

Ho ancora qualche tubicino attaccato: flebo, drenaggi. Non posso sollevarmi né girarmi su un fianco, posso solo stare sdraiata e fissare il soffitto. È identico a quello della terapia intensiva: mattonelle quadrate, luci al neon. Odio questa posizione. Soprattutto di notte, quando ci faccio più caso, giro spesso il capo sul lato sinistro. Dalla porta socchiusa filtra una luce e illumina mia madre: seduta vicino a me, dorme. La osservo e piango. È l'unico momento in cui nessuno mi vede. Di giorno sono troppo impegnata a sorridere per far vedere a lei e a tutti quelli che mi vengono a trovare che sono forte. Che ce la farò.

Mamma ha mollato tutto per stare con me, e io non voglio deluderla.

È sempre stata super impegnata – fa l'arredatrice di interni, lavora insieme al fratello Salvatore e a sua moglie Carla. Se ripenso alla mia infanzia, abbiamo avuto più babysitter io e Domy dei rampolli di qualche famiglia reale.

Entrambi i nostri genitori si sono presi la loro dose di parolacce, musi e porte in faccia, per motivi diversi.

Se mio padre, pur essendo un gran lavoratore, sapeva prendersi un minimo di tempo libero per venire ai colloqui con i professori o portarci al porto a vedere le barche e le gare delle macchinine telecomandate, nostra madre viveva letteralmente in negozio. Quando ero piccola anch'io ci ho passato parecchio tempo: durante l'anno ci facevo i compiti e, sotto Natale, ci passavo sabati e domeniche a fare pacchi regalo e a vendere gli oggetti più semplici del reparto elettronica, come il walkman o l'asciugacapelli.

Anche se mi ha trasmesso questa sua attitudine alla serietà e all'impegno, io e lei siamo state molto distanti: un po' perché lei non è tipo da abbracci o carezze, un po' perché per anni non ho capito la sua scelta di separarsi, mi ci sono arrabbiata in maniera feroce, con lei e con mio padre, pure con il mondo. Non sono stata la figlia ideale. Ho dovuto attraversare la Manica per crescere e trovare la mia strada, e scoprire che in qualche maniera ritornava verso di lei, verso di loro. Mamma mi stava tenendo nascosto un problema ai denti, niente di che, ma da Londra non riuscivo a capire se mi dicevano la verità o se mi stavano mentendo per farmi stare tranquilla. Ho preso il famoso biglietto aperto, fatto i bagagli e girato i tacchi. Da quel momento le cose sono andate meglio.

Adesso lei è qua, passa ore e ore su quella seggiolina e non mi lascia un attimo. È una cosa intima. Che non capitava da molto tempo. Se non fosse che ho la sensazione di essere la più forte delle due, quella che ha il dovere di trasmettere, non si sa come, una qualche sicurezza, mi sentirei, ancora, cullare.

Una lacrima e via

Puntualmente tutte le mattine alle sette un'infermiera viene a lasciare un caffè a mia madre: ormai hanno "adottato" anche lei.

Alle otto la mia stanza è già affollata, come il mio comodino, ormai popolato da innumerevoli immaginette di Padre Pio e di Gesù. Anche i rosari non mancano all'appello. Uno in particolare lo tengo spesso in mano durante le mie lunghe notti insonni. Mia madre, invece, mi sistema sotto il cuscino un fazzoletto di Padre Pio, perché «ti proteggerà».

In processione vedo arrivare per primo zio Mike, il gemello di mio padre, che vive a Rende, relativamente vicino all'ospedale. Per me è sempre stato un secondo papà: è uno tosto, ci sentiamo spesso, mi piace parlare di lavoro con lui. In quelle settimane ha aperto le porte di casa sua a chiunque avesse bisogno di ospitalità per poter venire a trovarmi. Ogni mattina viene qui per darmi un bacio e raccontarmi una barzelletta, poi vola al lavoro. Al ritorno, stessa cosa.

Quando mio padre seppe dell'incidente lo chiamò subito e lui arrivò in ospedale addirittura prima di me. Mi vide trasportata d'urgenza su un lettino verso la sala operatoria, ma la cosa che mi turba più di ogni altra è che vide anche i resti delle mie gambette dentro un sacchetto di plastica. Forse i medici volevano provare a riattaccarle. Mi sono sempre chiesta che fine abbiano fatto, le mie gambe: so che qualcuno fa persino il funerale ai propri arti, a volte invece li cremano senza dirti nulla. Credo che sia questo il mio caso.

Zio Mike aveva sposato Marisa, la zia splendida e creativa che invocai quando ero riversa sull'asfalto e pregavo. Volevo che qualcuno mi vedesse e si fermasse e sapevo che la zia mi voleva bene: se la sua anima fosse stata ancora lì, mi avrebbe aiutata. È in cielo da molti anni: all'epoca i miei cugini, Domenico e Daniela, avevano diciassette e vent'anni. Io la adoravo e sono andata a trovarla spesso quando stava male: passavamo i pomeriggi a truccarci, io, lei e Dani. Lei ci lasciava fare, le piaceva averci intorno, e trovava la forza per scherzare anche quando noi cugine ci sistemavamo a vicenda i lunghi capelli, mentre a lei pettinavamo una piccola parrucca.

Penso a lei, alla sua forza, e quindi, nonostante la stanchezza, le notti in bianco, i tubi che mi spuntano da ogni dove, quando vedo entrare mio padre gli sfodero il più bel sorriso che ho. Papà di solito arriva insieme o poco dopo zio Mike. È il centralinista ufficiale, filtra tutte le chiamate per me.

Se potessi stare al telefono passerei la giornata incollata alla cornetta. Invece non posso: a stento riesco a parlare con chi è presente nella mia stanza.

Un giorno, però, mio padre fa un'eccezione e mi avvicina il cellulare all'orecchio: una persona speciale vuole salutarmi. Mi metto in ascolto e di là, tra i singhiozzi, riconosco la voce di Valeria: «Ma come è stato possibile?!».

Stranamente, a un certo punto, succede questo: io, che ho perso le gambe, comincio a consolare amici e parenti. «È già una fortuna essere qui... ce la farò... tornerò presto in piedi...» Potrebbe sembrare un paradosso, ma mi dà una forza incredibile: voglio tornare quella che ero, non solo per me. Voglio farlo per loro. Non so spiegare l'affetto, la solidarietà, banalmente il tifo che mi circondano: mi commuove vedere quanta gente ha fatto lunghi viaggi, o anche solo scelto di regalarmi un'ora del suo tempo.

Valeria non riesce a trattenersi, cerca di esprimere un

pensiero di senso compiuto ma niente, le uniche parole che riesco a comprendere sono: «Non doveva succedere proprio a te!». Io faccio fatica a parlare quindi non posso arginarla come farei di solito... altra cosa da mettere nella lista delle cose da fare: recuperare quanto prima l'uso fluido della parola.

Sentirla piangere così senza poter fare nulla mi procura ancora più dolore di quanto non me ne procurino le ferite. Con le lacrime agli occhi la rassicuro, dicendole che io sono troppo forte per crollare davanti a una cosa del genere: «Vedrai che tornerò presto in piedi, stai tranquilla».

Con Valeria ho condiviso un numero imprecisato di trasferte di lavoro. Tornata da Londra, venni a sapere che uno showroom cercava qualcuno che disegnasse. Io con la matita ero brava, avevo sempre disegnato figurini, modelli, vestiti... Così mi sono presentata per un colloquio. Sono entrata aspirante stilista e uscita come rappresentante: Bartolo Bonavoglia, che nel giro di pochi anni sarebbe diventato uno dei più grossi agenti di abbigliamento e accessori del Sud Italia, aveva bisogno di qualcuno sul commerciale, io avevo verve e voglia di lavorare, quindi venni assunta.

All'inizio in ufficio eravamo in tre: io ero la più piccola del gruppo e Bartolo mi prese sotto la sua ala, insegnandomi i trucchi del mestiere. Mi teneva in considerazione e mi dava la possibilità di crescere e imparare mettendomi alla prova: mi spediva alle riunioni aziendali, mi iscriveva a corsi fuori città... In questo modo mi ha dato l'opportunità di farmi conoscere dalle aziende e di intraprendere, poi, un percorso autonomo.

Valeria in quel periodo era la responsabile degli spazi dedicati al marchio Caractère in Calabria. Quando scendeva ero io ad accompagnarla dai clienti. Tanto per gradire, durante uno di quei viaggi fummo protagoniste di un terribile testacoda: sempre sulla Salerno-Reggio Calabria, stavo sorpassando quando apparve sulla nostra corsia un cuneo di ferro, forse perso da un camion. Evitarlo era impossibile, la macchina prese a girare su se stessa ma, per fortuna, ebbi i riflessi pronti e riuscii a tenerla in strada, senza toccare il guardrail né altri mezzi. Almeno quella volta non pioveva... Miracolosamente si risolse tutto senza danni gravi, a parte una ruota spaccata che riuscimmo a sistemare nel giro di qualche ora grazie all'intervento di zio Mike, che allora lavorava per Good Year.

Sono stata abituata a cose del genere, a ritmi forsennati, per anni. L'eventualità di non potermi muovere non si era mai nemmeno affacciata alla mia mente. E gli ospedali non esistevano per me, se non in momenti di estremo bisogno, quando si rivelavano luoghi di sofferenza, appestati dall'odore perenne di disinfettante (che non è così terribile, lo giuro).

Invece gli ospedali sono luoghi vivi, mondi paralleli. Ci si fanno incontri, si ascoltano storie, si stringono amicizie. Immobilizzata nel mio letto, dentro di me si fa largo la gratitudine per quell'esercito invisibile che sono gli infermieri, ogni santo giorno presenti, sensibili, educati ed efficienti. C'è Pina, che non si limita a farmi le punture ma si ferma a chiacchierare come se fossi sua amica, non sua paziente; c'è Ettore, suo marito, che ogni tanto passa a trovarmi e mi spiega tutto quello che sa sugli esercizi propedeutici all'uso delle protesi; c'è Luca, che nota la mia insonnia e di notte viene a parlare del più e del meno mentre mia madre schiaccia il suo meritato pisolino. C'è Carmelo, serio e ligio alle regole, che i primi giorni sbatte fuori chi è venuto a trovarmi perché in camera siamo troppi, poi si trasforma in un campione di tolleranza e gentilezza (oltre che di efficienza) e mi porta le copie dei suoi CD preferiti, «perché la musica tiene compagnia ma è soprattutto una gran bella terapia». Annamaria, la cuoca dell'ospedale, la domenica mi fa la pasta al forno. Mi sento davvero circondata d'amore.

Insieme alla mamma, avvinghiato a me come una medusa, c'è Domy: ha piantato tutto per dedicarsi a me. Una mattina si inchioda su una delle seggioline per gli ospiti e mi osserva. Non dice niente. Attorno a noi il mondo va avanti:

andirivieni degli infermieri, caffè per la mamma, papà con il cellulare, lo zio Mike che viene a darmi un bacio.

Gli occhi di Domy ce la mettono tutta per comunicare: «Stai tranquilla Giù, risolveremo anche questa» ma lasciano trasparire la sua preoccupazione. È letteralmente terrorizzato dal futuro. Lo capisco: dei due sono io quella che organizza, sprona, gestisce. L'ho fatto anche con lui, convincendolo a venire a vivere a Milano pochi mesi prima. Lì per lì non mi sono chiesta se fosse la cosa giusta o una forzatura: avevo visto cosa c'era fuori Reggio ed ero convinta che per lui la cosa migliore fosse provare a fare qualche esperienza lavorativa al di fuori dalla Calabria. Avrebbe potuto scegliere, trovare nuovi stimoli, reinventarsi, diventare pienamente se stesso.

Evidentemente per lui non è così, se oggi mi confessa: «Giù, voglio mollare tutto. Milano non ha senso senza di te».

Lo guardo e penso che anche per me senza di lui sarebbe dura, in questa situazione. Ma devo fare la sorella grande.

Chiedo a tutti di uscire e rimaniamo soli. Ci guardiamo a lungo, entrambi con gli occhi umidi. Gli spiego che la mia vita non è la sua, che non posso permettere che a causa mia rinunci o comprometta il suo futuro. Ha venticinque anni, deve prendere la situazione in mano.

Mi viene in mente la volta che l'ho scacciato quando volevo scappare di casa: oggi è tutto diverso. Io non vado da nessuna parte, non voglio fuggire da niente e da nessuno. Piuttosto, non voglio che sia lui, a farlo.

Così gli dico che ho bisogno di lui: nella nostra casa di Milano ci sono delle piante a cui dare l'acqua, una macchina da mettere in moto, un affitto da pagare e tante altre cose che lui deve fare finché io sono in ospedale.

Capisce, mi abbraccia, fa qualche capriccio, poi si convince.

Sono così felice che prendo dal comodino una foto mia che so che gli piace e un quadro di Padre Pio. Dietro scrivo: "30/09/2005. Il quadro è benedetto! Io lo do a te affinché Padre Pio protegga la nostra casa sempre. Soprattutto prego affinché protegga te! Ti voglio bene! Ci vediamo presto! Sta' tranquillo e ricordati di: innaffiare le piantine, chiudere il gas, tenere casa pulita. PS: *Viri che quandu tornu controllu tuttu! Kiss!*"

Un abbraccio, un sorriso, ancora una lacrima e via. Non so cosa si provi a lasciare in ospedale qualcuno a cui si tiene così tanto, a cedere ad altri l'onere ma anche la sicurezza di essere lì ogni giorno, a tenere tutto sotto controllo. So però cosa ho provato io in quel momento: sapevo che era la scelta giusta, sapevo che mi sarebbe mancato, tutto questo potevo affrontarlo. È che volevo andare con lui. Volevo immensamente alzarmi dal letto, infilare la porta e tornare alla mia vita di prima, con le piantine da innaffiare, l'affitto da pagare, le trasferte da organizzare, Domy vicino.

Senza tutte quelle cose da fare, chi ero? Sarei stata la stessa alla fine di questa strada?

Una stanza piena di sorrisi

Dopo un mese comincio a stare meglio. Poco per volta mi fanno sollevare il busto fino a mettermi in posizione seduta. Zio Mike e papà mi lavano spesso con una spugnetta umida, per togliermi i residui dell'abbronzatura. Ovviamente in camera l'aria condizionata non c'è, e mamma mi tampona con il borotalco per farmi stare fresca e proteggermi dal caldo soffocante. A settembre in Calabria è ancora piena estate.

Mia cugina Titti non perde occasione per portarmi dei nuovi pigiamini freschi, e insieme a lei le zie, sorelle di mamma. Titti e suo fratello Nunzio sono architetti; quando ero piccolina, lei mi aiutava in matematica, lui mi insegnava passi spettacolari di rock 'n' roll, facendomi volare per aria, e passava interi pomeriggi a disegnare con me.

Se la famiglia di mio padre è un po' sparpagliata in giro per l'Italia, quella di mamma è quasi tutta a Reggio. Sono cinque fratelli e ho la bellezza di dieci cugini, tutti scuri come me. Da piccola pensavo di essere loro sorella, perché, mentre io sono nera nera, mio fratello è chiaro con gli occhi azzurri, mio padre anche, mia mamma è bionda. Pensavo: "Va be', è evidente, sono stata adottata". Titti e Nunzio, ma in particolare altri due, che hanno circa la mia età, Peppe e Aita, sono scurissimi, ci assomigliamo tantissimo. Zio Mimmo mi chiamava "marocchina" e ora mi guarda con gli angoli delle labbra all'ingiù e mi dice: «Nonostante tutto sei ancora una marocchina...». Rido e sono fiera di appartenere a questa famiglia, che sa fare squadra e usare l'ironia quando meno ce lo si aspetterebbe.

Peppe viene a trovarmi tutte le volte che capita a Cosenza. Fa il rappresentante e la sera, invece di rilassarsi in hotel, la passa in ospedale a mangiare insieme a me una triste pastina in brodo. Un giorno porta le carte e mi insegna a giocare a burraco: da allora, il nostro diventa un appuntamento fisso.

Siamo così, una famigliona unita, enorme e chiassosa, in cui i figli giocano tutti insieme, se hai bisogno di qualcosa, scorrendo la parentela a un certo punto l'esperto lo trovi e la domenica ci si riunisce tutti a casa della nonna per un pranzo luculliano. Nel primo pomeriggio adoravo far addormentare Pepo, il mio cuginetto preferito (il più piccolo), su una sedia a dondolo vecchissima. A Pasqua facevamo a chi portava alla nonna l'uovo più grande (vinceva sempre Carmine, accidenti), a Natale a chi riceveva il regalo più bello (ambitissime le macchinine telecomandate).

A proposito, Nunzio un giorno si affaccia alla porta della mia stanza con due pacchetti. In uno c'è un quaderno, «Così quando avrai voglia potrai trasferire su queste pagine i tuoi pensieri belli e brutti, vedrai che ti aiuterà a esorcizzare», nell'altro una macchina fotografica usa e getta: «Da questo momento in poi, fotografa ogni sorriso che entra in questa stanza. Quando sarai fuori di qui, nei momenti bui, riguardando queste foto ti tornerà il sorriso".

Per il quaderno non sono pronta, ma per i sorrisi sì! Lo faccio davvero e finisco per stupirmi del numero impressionante di gente che continua ad affacciarsi a quella porta.

Non vedo arrivare tutti quelli che mi aspettavo di vedere, forse molti hanno avuto paura. Ma le mie amiche no, sempre presenti dal primo all'ultimo giorno, a costo di farsi quattro ore di treno, e spesso a dare il cambio di notte a mia madre.

Felicetta la conosco da quando avevo tredici anni: siamo andate in gita scolastica e lì le ho rubato il fidanzatino, l'unico "uomo" che abbiamo condiviso, per fortuna. Andò che sul pullman lui le disse: «Ti lascio».

«Ma come mi lasci? Siamo in gita!»

«Mi metto con Giusy, quella in fondo.»

Lei è venuta lì, io avevo le cuffie del walkman, quindi per parlarmi si era messa quasi a gridare: «Giusy Versace?»

«Sì, tu chi sei?»

«Sono la ragazza del tuo fidanzato!»

Io ho lasciato lui al ritorno dalla gita e, davanti alla cartoleria dove compravamo le matite colorate e i libri, mi sono scambiata il numero con Fely. Allora è nata un'amicizia che non si è mai più interrotta, abbiamo condiviso qualunque cosa. Possiamo non sentirci per mesi ma sapere che ci siamo l'una per l'altra. Come sorelle.

Grazie a lei ho conosciuto le altre due delle "Quattru da petrazza": Katia e Manu.

Con loro ne ho fatte veramente di tutti i colori. Se io ero la saggia, figuriamoci le altre... Ero l'autista perennemente sobria e avevo un atteggiamento protettivo nei confronti del gruppo: appena vedevo uno che mi sembrava sospetto, che si allargava o faceva lo spiritoso più del dovuto lo fulminavo con gli occhi o lo stendevo con battute pungenti. Mi ero guadagnata questa nomea di "ragazza di ghiaccio", che mi faceva anche abbastanza comodo visto che io il fidanzato ce l'avevo, e a tradirlo non ci pensavo nemmeno. Però dato che lui non amava uscire, ballare, andare in vacanza, tutte queste cose le facevo con le amiche.

Ogni anno andavamo in vacanza al mare, nel nostro Sud. Io facevo un po' la guastafeste perché già lavoravo e le date dipendevano dalle mie ferie: loro erano pronte a partire in ogni momento ma io avevo sempre qualcosa da fare. Eppure, mai una volta che non siamo andate tutte e quattro insieme.

La cosa bella è che ci divertivamo con niente: ci piaceva ballare, flirtare un po', scherzare, prenderci anche in giro, ma sempre con grande consapevolezza e nel rispetto di noi stesse. Non abbiamo mai avuto bisogno di fare cose folli, sapevamo divertirci con poco, anche perché con noi c'era Fely, la regina delle gaffe, altrimenti detta Bridget Jones.

Un giorno arriva in ospedale con il borsone per la notte e spedisce a casa mia madre. L'indomani, svegliate presto, vede fuori dalla finestra un sole magnifico e senza pensarci troppo mi fa: «Perché non vieni alla finestra a vedere che bella giornata?». Un secondo dopo scoppia a piangere, dopo due è sul mio letto, entrambe piegate dalle risate. La sua naturalezza mi aiuta: tutto avrei voluto fuorché le mie migliori amiche mi guardassero come una "poverina", "quella a cui è capitato che...". Quando comincio a scherzarci su, il primo bersaglio è mio fratello: parlando al telefono, gli chiedo di portarmi alcune cose da casa, tra queste anche le pantofole. All'inizio ci casca, poi, dopo qualche secondo di silenzio imbarazzante, mi urla che quelli non sono scherzi da fare.

Katia è l'addetta al manicure. Ha sempre amato smalti e limette e lei, fra tutte, è quella con le unghie più belle. Arriva quasi sempre dopo pranzo, insieme a sua madre, che non perde occasione per portarmi la sua mitica sfoglia di spinaci al forno.

Manuela invece si occupa dei capelli. Mia madre ha procurato delle bellissime fasce colorate, che mi aiutano a tenerli in ordine e a coprire quell'odiosa ricrescita bianca.

Prima dell'incidente, ogni due mesi mi toccava fare un ritocchino perché avevo alcune ciocche bianche – come mio nonno, che a trent'anni era già canuto. Dopo l'incidente comincio a perdere capelli a bizzeffe, e quelli che mi ricrescono sono tutti bianchi.

Aiutata da un'infermiera, con una pazienza incredibile, Manu si esibisce in una serie di manovre azzardate con un'enorme ciotola d'acqua e una brocca e mi passa la tinta, mi fa lo shampoo e persino la piega, rigorosamente liscia, proprio come dal parrucchiere.

Stare sacrificata in quel letto a vedere i volti di tutta la gente che viene a trovarmi per certi aspetti è frustrante – vorrei fare di più, partecipare di più, essere più Giusy – per altri di grande conforto. Mi sento inondata di solidarietà.

Da quando sono fuori pericolo, io e Sacha ci siamo accordati: verrà solo la domenica, non può lasciare il lavoro per sempre e non ha senso che stia lì a tenermi le lenzuola. È una mia decisione, ma dopo pochi giorni la sua assenza comincia a pesarmi. Mi manca, ma non glielo dico. La Giusy che conosco io non lo farebbe, semmai agirebbe: che so, prendendo un aereo e presentandosi a sorpresa in negozio. Razionalmente sono ancora lei, capisco che lui non può abbandonare il lavoro, il cuore però mi dice un'altra cosa. "Che cosa?" è una domanda che cerco di evitare a tutti i costi, anche perché non riconosco la persona che se la pone. Quando siamo insieme è tutto perfetto – da gran signore qual è mi porta dei fiori, regalini, parliamo del futuro, di quando starò meglio, rassicura i miei genitori sulla sua presenza – dunque decido che va bene così: tamponerò la sua mancanza con decine di SMS e mi concentrerò sul resto.

Per esempio gestire il dolore. Giorno dopo giorno imparo a farlo. L'impressione è che il peggio sia passato. Una mattina però entra il medico accompagnato da mio padre e mi spiega che c'è un piccolo problemino: «La ferita alla gamba sinistra non si cicatrizza, bisogna operare».

Comincio a tremare: di nuovo sotto i ferri, di nuovo in sala operatoria, un'altra anestesia. Non me la sento. Penso: "Mi accorceranno ancora di più la gamba, no! La sinistra è già corta!".

Chiedo spiegazioni al medico e per fortuna sono rasserenanti: il problema è un pezzettino di pelle rimasto aperto e l'anestesia sarà parziale e non totale. La chiamano "spinale".

Capisco in quel momento che non ho voce in capitolo, sono semplicemente venuti a prendermi. Rassegnata all'idea di altra sofferenza, chiudo gli occhi e mi lascio trasportare con il lettino in sala operatoria. L'anestesista mi gira su un fianco e mi inietta qualcosa nella schiena, illustrandomi i mille benefici di questa anestesia: più leggera, mi permetterà di rimanere sveglia ma mi addormenterà completamente il corpo dall'addome in giù.

I medici fanno di tutto per distrarmi, ma la sensazione è bruttissima: come posso rilassarmi se sento qualcuno che scava nella mia gamba? Non vedo nulla, il lenzuolo copre tutto accuratamente, ma la sensazione è davvero raccapricciante. Mi opera un chirurgo che non conosco, il dottor Bisogno. In sala c'è anche il mio, ormai amico, dottor Scalercio. Entrambi si danno da fare parlandomi del più e del meno, ma io, nella mia mente, prego Dio che tutto finisca il prima possibile.

Una volta tornata in camera mi sento di nuovo stanca, esausta, come i primi giorni di ricovero. Mi assale lo sconforto: invece di andare avanti sto tornando indietro? Vorrei dormire ma ovviamente non ce la faccio, sono costretta a rimanere lì, vigile, ad ascoltare ogni sensazione del mio corpo. L'effetto dell'anestesia dura tantissimo. La cosa più brutta è desiderare di muovere le mie gambette, pur tagliate, e non riuscirci. Mi rendo conto dell'immensa fortuna che ho nel potermi muovere. "Allora è questo che provano i ragazzi paralizzati e costretti su una sedia?!" penso: la sensazione di volerti muovere e non poterlo fare. Avere addosso una parte del tuo corpo completamente immobile mi fa una tale paura che mi trovo a ringraziare perché, in fondo, mi mancano solo due gambe.

L'effetto dell'anestesia svanisce lentamente, con il suo contorno di formicolii e sete incredibile. Per fortuna, è andato tutto bene. La sera crollo addormentata sotto gli occhi stupefatti della mamma: una delle poche notti in cui riesco a dormire.

Ne passo molte altre odiando il letto nel quale mi trovo. Voglio alzarmi, ma non è possibile. Ho l'istinto di girarmi e mettere giù i piedi, ma per fortuna resisto e non cado. Davvero strano come a volte il cervello vada per conto suo.

Una notte, una delle tante, convinco un'infermiera a mettermi seduta su una sedia a rotelle. La mia prima volta su una sedia di quel genere. Finalmente sono fuori dal letto, ma che effetto trovarmi seduta senza gambe! Penso a coprirmi con un pareo che mi ha regalato mio cugino Pepo qualche giorno prima: poggiato sulle gambe, cade giù piatto, senza forme sotto. Di fatto copre solo dei piccoli monconi ancora gonfi e fasciati. Non riesco a guardarli: ogni volta che mi scappa l'occhio rivedo la scena dell'incidente, pelle e muscoli strappati e il sangue dappertutto. Volto immediatamente lo sguardo verso l'alto e sorrido. Dentro di me, sono già grata a Dio.

L'infermiera mi porta in silenzio nella stanza dove si riuniscono i dottori e gli infermieri del turno di notte. Ormai li conosco tutti. Il dottor Scalercio si arrabbia con lei, preoccupato che, non essendo abituata a stare seduta, io possa svenire. Ma io sto bene, non ho vertigini né nulla del genere e, a forza di insistere, riesco a convincerlo a farmi stare lì con loro. Passo la mia prima notte da insonne felice, mangiando dolci e ridendo perché, mentre io sono piena di capelli, Scalercio è completamente pelato. Prima di tornare a letto faccio una foto, per immortalare tutti quei preziosi sorrisi.

Angeli custodi

Una volta sperimentato il brivido della sedia a rotelle tutto mi sembra magicamente migliore. Inizio facendo piccoli giri in corridoio, sempre accompagnata. Scopro che in fondo al reparto c'è una piccola statua della Madonna, che diventa una tappa fissa. Qualche volta mia madre, pur di farmi uscire, mi dice: «Andiamo a salutare la Madonnina» e via sulla sedia a rotelle.

Con le ferite ormai cicatrizzate, possono rimuovere il ponte di ferro che teneva sollevate le lenzuola. Vedere dove finiscono le gambe è un colpo, ma sopportabile. In barba al mio schema corporeo e agli istinti acquisiti dal mio cervello, lo so, che non ce le ho.

Nei giorni immediatamente successivi, però, il dottor Togo, il primario, mi dice che devo iniziare a lavare i monconi da sola. Scoppio a piangere senza riuscire a frenarmi: la cosa mi terrorizza. Non sono pronta a toccarmi. Nonostante il giorno dell'incidente non abbia perso i sensi e abbia visto le mie gambe strappate, toccare i monconi, quel che rimane delle mie gambe, mi impressiona ancora di più. Togo, però, non sente ragioni: mi concede qualche giorno ancora ma devo farlo.

Una mattina mi portano una bacinella con dell'acqua e mi dicono di lavarmi.

Accanto a me sul letto ci sono mia madre e mio padre, insieme a mia cugina Titti.

Sollevo piano il lenzuolo e non riesco nemmeno a guardare: il cervello proietta nella mia mente l'immagine della mia gamba "intera". Quella non è mia. Avevo potuto pensarla così finché non sono stata costretta a toccarla: se la tocco, se sento il mio tocco, allora sì, che la gamba è la mia. Non riesco a farlo con gli occhi aperti e sono costretta a violentarmi per allungare le mani e sfiorare le cicatrici. È terribile, perché quella sono io. Giusy adesso ha questa forma. Mi viene da piangere e mi abbandono sul cuscino, circondata dalle braccia coraggiose e forti di mamma e papà.

Con il passare dei giorni tutto diventa più automatico e inizio a prendere confidenza con il mio nuovo corpo. Spesso, come suggerito dal fisioterapista, mi siedo sul bordo del letto simulando una pedalata. Disegnare cerchi con le gambe aiuta il sangue a circolare meglio, ma soprattutto aiuta me a conoscere meglio il mio corpo, ad affiatarmi con lui.

Un pomeriggio, mentre sto facendo questo esercizio, entra in camera Bartolo, il mio ex capo. Si impressiona nel vedermi con le gambette monche e rimane sulla porta, impietrito. Rapidamente si riprende e si avvicina: è venuto a dirmi che ha conservato un SMS che gli ho mandato un paio di mesi prima. Professionalmente stavo vivendo un momento difficile e avevo chiamato lui per chiedergli consiglio. Finita la telefonata, gli avevo scritto: "Mi piego ma non mi spezzo".

Eccola lì, quella frase: Bartolo voleva ricordarmi che ero una vincente, una guerriera. Anche stavolta, potevo piegarmi ma non dovevo permettere a nulla di spezzare la mia voglia di vivere.

A ricordarmelo ci pensarono anche i miei "angeli", colpiti dalla mia storia al punto da passare a trovarmi. Michele, il volontario del 118 di Genova che si era fermato lungo la strada di casa, ha fatto mille chilometri per venire a vedere come sto. Con un affetto che riconosco subito come familiare, mi racconta che quel giorno mi ha tenuto la mano. Se chiudo gli occhi risento ancora la sua voce, è una gioia potergli dare anche un volto. Due poliziotti della stradale di Castrovillari che erano di pattuglia, Gianfranco e Antonio, passano a fare un saluto, colpiti dalla lucidità che ho dimostrato in quel momento e soprattutto del sorriso che gli ho regalato appena li ho visti nonostante fossi buttata per terra, con due gambe strappate e, intorno, un lago di sangue. Viene anche il dottore che mi ha salvato la vita prendendosi il rischio e la responsabilità di intubarmi sull'autostrada: se non l'avesse fatto probabilmente sarei morta. Si chiama Pasquale Gagliardi, l'uomo che mi ha acchiappato per i capelli. Rivedo anche Salvatore, il primo a soccorrermi. Ricordavo di lui solo gli anfibi e la voce: ora che è seduto vicino a me mi rendo conto che è un omone gigante, con due occhi dolci e buoni come solo un angelo può avere.

Sono lusingata dal vedere questi eroi lì, intorno al mio letto, solo per regalarmi un sorriso e sapere come sto: sono persone che dedicano la propria vita a salvare quella degli altri, come hanno salvato la mia. Non li conosco quasi, ma una cosa è certa: non potrò dimenticarli mai e li porterò sempre nel cuore.

Grazie al perenne buffet la mia stanza è sempre super affollata. Sembra di stare al campeggio. I medici sono fissi lì durante la pausa caffè, mi manca solo la macchinetta. Il dottor Pugliese chiede anche esplicitamente lo stomatico, una specie di biscotto con le mandorle tagliato molto sottile, che zio Santo e zia Patty, conoscendo la mia passione, mi portano in immense quantità.

Durante le settimane in ospedale zio Santo, fratello di mio padre, ritorna a essere quello che per me era da bambina: un secondo papà. Con gli anni si cresce, si cambia, gli impegni si moltiplicano, la distanza fisica non aiuta (Santo vive a Taormina)... Sono tutti palliativi. La realtà è che non lo sappiamo neanche noi perché alcuni rapporti si raffreddano e altri no. La cosa bella dell'incidente è stata trovare intatti tutti questi legami: sembravano completamente sciolti, invece sotto c'era ancora un sacco di affetto, di solidarietà, di vicinanza. Quando ero piccola adoravo lui – brillante, sportivo, solare – e suo figlio, Domenico, bello come il sole. Un giorno, a pranzo dalla nonna, impegnati a ingozzarci un piattone di brodo vegetale, del quale andavamo ghiotti, in televisione inquadrarono Monica Bellucci e lui disse: «Un giorno la incontrerò, anch'io calcherò le passerelle più importanti». E così è stato: ha vissuto a Milano, poi a Miami, e finì a lavorare anche per Gianni Versace, cugino di papà. È stato lui a dare alla famiglia la notizia del suo assassinio, in quel lontano 15 luglio 1997.

Se ci ripenso, a zio Santo avrò telefonato cinque volte da quando sono andata a vivere fuori Reggio, eppure eccoci lì, subito in confidenza come un tempo.

Un giorno mi passa al telefono Santo da Milano, il fratello di Gianni. A Milano ci sentivamo spesso: mi chiama e mi presenta come "sua nipote". È felice di sentirmi e di sapere che sto meglio e ci tiene a dirmi che mi aspetta a casa. «Ricordati che sei la più tosta di tutti i Versace, quindi non puoi mollare!»

I giorni passano e sto sempre meglio. Ormai aspetto solo che le ferite guariscano.

Nelle belle giornate monto sulla "bat mobile", la mia sedia a rotelle, ed esco a prendere una boccata d'aria.

Scopro che nel cortile dell'ospedale c'è una statua di bronzo di Padre Pio. Con la scusa della sigaretta, mamma andava sempre a pregare lì. Io, invece, uso la scusa di una preghiera per uscire tutti i giorni: sto fuori al massimo un'oretta, tempo di mettere un fiore ai piedi della statua, di bere una cosa al bar, chiacchierare con gli amici venuti a trovarmi non stando a letto e poi via, di nuovo in camera.

Qualche volta sono con papà, spesso con mamma. Un giorno, passeggiando per i corridoi, mi porta in una piccola cappella per farmi vedere lo sguardo rasserenante della statua di un angelo. Cominciamo a pregare insieme: è bello pregare con lei, non lo facevo forse dai tempi della prima comunione. È bello riscoprire il nostro rapporto. Adesso, a quasi trent'anni, scopro di avere accanto una madre eccezionale, che ho sempre attaccato e quasi mai compreso.

Quando sono nella mia stanza passo il tempo a fare gli esercizi per attivare la circolazione. Zio Mike un pomeriggio ha un'idea: mi prende in braccio e mi tiene sospesa per aria mentre io faccio girare le gambe, come per camminare. Ci provo, ma solo per qualche secondo: sento subito un fastidioso formicolio e gli chiedo di tornare seduta. È una sensazione fortissima: stare dritta mi fa paura e male, ma sono piena di adrenalina. Non vedo l'ora di tornare a camminare.

Papà, stranamente, si attacca al telefono, alla ricerca del centro migliore. Tutti gli sconsigliano di portarmi all'estero, piuttosto segnalano il Centro protesi Inail vicino a Bologna, esattamente a Budrio. Cominciamo a raccogliere informazioni e io mi carico: fremo all'idea di uscire dall'ospedale. Mia madre mi dice che quello è il centro dove è andato anche Alex Zanardi e Domy, da Milano, organizza un viaggio di perlustrazione. Mi manda una valanga di foto sul cellulare: prati e galline... Riesco a farmi un'idea grazie alla zia Vittoria, che fa una ricerca su Internet e mi stampa tutto quello che ha trovato.

Sono così gasata che il dottor Togo si preoccupa e un giorno dice che vuole presentarmi una sua "amica". Capisco subito che è una psicologa, che lui lo sta facendo per il mio bene, ma io non voglio estranei accanto in quel momento. Mi sento bene, mi sento forte.

Lui invece è preoccupato: mi vede ridere sempre e teme che, una volta fuori dal mondo ovattato che mi sono creata, possa crollare. Io so che sarà dura, ma non ne voglio ancora parlare. Ho bisogno di vedere cosa succede, di uscire da lì e cominciare un percorso. Alla fine, comunque, accetto di incontrare la dottoressa. L'unico problema che le sottopongo è l'insonnia: lei mi prescrive delle gocce che, però, non mi aiutano granché.

La dottoressa torna a trovarmi diverse volte nelle settimane successive e diventa comunque un volto familiare. Apprezzo il suo tentativo e ancora di più apprezzo il dottor Togo che, nonostante l'aspetto burbero, ha avuto un pensiero davvero carino nei miei confronti.

Prendo la forza dalla preghiera, dall'amore di chi viene a trovarmi, di chi è sempre lì, da qualche luogo sconosciuto della mia mente. Per ora va bene così.

Un giorno, mentre sono seduta a bordo letto a fingere di pedalare, mio padre mi annuncia una sorpresa: è mio fratello. Quasi cado dall'emozione. Quella sera Domy dà il cambio a mia madre e passa la notte in ospedale con me. Vuole sapere tutte le ultime novità, i miei progressi. Gli faccio un racconto "colorito" delle mie giornate e finiamo per ridere talmente forte che gli infermieri, preoccupati, si precipitano in camera per trovarsi davanti lui a terra, che ride come un matto perché non riesce ad alzarsi, e io piegata in due che cerco di allungargli una mano per aiutarlo.

A proposito di non sapere se ridere o piangere: qualche notte dopo, oltre ai dolori consueti, mi becco un'intossicazione da cibo. Vomito in continuazione e gli infermieri non hanno nulla da darmi. Telefono a mio padre, chiedendogli di portarmi un medicinale specifico. Poco tempo dopo eccolo comparire in pigiama, pieno di lividi e con una mano gonfia come un canotto: è uscito di casa di corsa, correndo verso la farmacia non ha visto una catena che delimita l'area, è inciampato e caduto. Risultato: polso fratturato. Gliel'hanno ingessato il giorno dopo, con un ricco contorno di battute!

Quando l'uscita è ormai questione di giorni chiedo a mio padre di portarmi il computer e la valigetta di pelle che avevo in auto il giorno dell'incidente. Voglio riprendere i contatti con la mia azienda. Del resto ero in giro per lavoro, mica stavo in vacanza. Voglio capire che posizione intende assumere nei miei riguardi.

Lui mi prende in parola e mi porta *quella* valigetta. Non si accorge che è ancora macchiata di sangue. Come la vedo inizio a tremare: non la voglio guardare, non riesco a toccarla. Rivedo ancora una volta la scena dell'incidente, il momento in cui uno dei poliziotti me la appoggia sotto le gambe.

Papà la fa scomparire e mi allunga, invece, il suo contenuto: computer e documenti.

Appena arrivata in ospedale, uno dei miei capi gli disse di stare tranquillo, che l'azienda non mi avrebbe abbandonata. In tutte le settimane in cui ero stata lì, però, non si era fatto vivo più nessuno.

Prendo il telefono e chiamo l'ufficio del personale, pretendendo che qualcuno si presenti lì, a Cosenza, a spiegarmi come e se sono tutelata. Devo insistere parecchio ma dopo diversi giorni viene a trovarmi l'allora capo del personale. Con grande imbarazzo, senza trovare il coraggio di guardarmi negli occhi, mi dice che, a parte l'Inail, non sono coperta da alcuna assicurazione, pur rivestendo un ruolo che mi portava a frequenti trasferte in Italia e all'estero. Ho appena perso le gambe, sono in ospedale su una sedia a rotelle e l'azienda per cui lavoro e per la quale ho rischiato di morire andando a supportare un cliente importante mentre tutti erano in ferie inizia a voltarmi piano piano le spalle.

Cerco di trattenere ogni commento e rimango impietrita ad ascoltare le sue rassicurazioni: «Manterrai il tuo posto e, una volta ristabilita, verrai certamente reintegrata».

Infastidita come non mai, ce la metto tutta per lasciar andare: la mia priorità in questo momento non è la carriera, ma rimettermi in piedi.

I dottori mi anticipano la data d'uscita: manca una sola settimana, che trascorriamo organizzando il futuro. Papà mi fa delle foto ai monconi e le invia a Budrio. Io vorrei andare direttamente lì, senza passare da Reggio. Non voglio tornare a casa così: voglio tornarci in piedi. I medici però ci spiegano che, finché non sono certi al 100 per cento che le mie ferite sono perfettamente cicatrizzate, non ha alcun senso ricoverarmi. Zio Mike fa una cosa da vero papà: mi dice che, una volta uscita dall'ospedale, potrò stare a casa sua fino al giorno della partenza.

Quando arriva il momento fatidico sono (quasi) pronta. La lunga degenza in ospedale, le notti insonni mi hanno dato modo di riflettere e di capire quanto conti la testa in situazioni così dolorose, quanto siano importanti gli affetti. Ripenso alla mole di gente che è venuta a trovarmi in quei due lunghissimi mesi, nonostante la lontananza di Cosenza da qualsiasi posto dove avessi degli amici. Eppure sono venuti tutti, anche persone che non vedevo da dieci anni, con le quali avevo condiviso solo la spensieratezza del mare e qualche serata passata a ballare. In fondo, qualcosa di buono dovevo averlo fatto se questo era il segno lasciato nei cuori della gente!

Sono stata davvero circondata da amore.

E questo amore si è espanso, allargato: mai una volta che mamma e papà, dopo anni di litigi e dispetti, abbiano litigato o dimostrato qualcosa di diverso da una profonda unione per il mio bene. Mai una volta che Enza, la compagna di mio padre, sia stata qualcosa di diverso da solidale.

Ho deciso in quel momento che non potevo mollare. Sono terrorizzata non tanto dall'idea di uscire, quando dal sapere che mi aspetta un altro lungo percorso doloroso, e dal risultato dubbio. Il dolore stanca, stanca moltissimo. E io vorrei avere la certezza che un giorno finirà, che potrò camminare, stare in piedi.

Non ce l'ho, ma non posso deluderli. Non io. È quando sei sola che ti crolla il mondo addosso. Io non mi sono mai sentita sola: nemmeno sotto la pioggia, sull'autostrada. C'era la Madonna con me. Tutto questo amore sarà la mia arma vincente.

Mi faccio forza, un'ultima preghiera nella cappella e saluto tutti i miei angeli custodi con un gran sorriso.

Adesso ho un compito importante: non voltarmi più indietro.

Quando zio Mike e papà mi prendono in braccio e mi mettono in macchina, senza gambe, sul sedile di dietro, tremo come un cucciolo abbandonato. Mi commuovo nel vedere i volontari del 118, che a turno infilano la testa nel finestrino per darmi un bacio e augurarmi buona fortuna.

In auto mi manca l'aria. Vedo il guardrail ovunque e non riesco a stare vicino allo sportello. Mi appoggio a mia madre e, per la prima volta davanti a lei, mi abbandono a un lungo pianto.

Nulla è impossibile

Arrivo a Cosenza un po' tramortita dal viaggio in macchina e conquistata dal mondo: fuori è aria, orizzonte, spazio.

I giorni che seguono sono pieni: di gente, di amore, di vita. Zio Mike ha una casa grande, per fortuna. Da quando Marisa non c'è più la condivide con i miei cugini, Domenico e Daniela. Cede a me e a mia madre la sua stanza, mentre lui si accampa in soggiorno con papà. Ogni mattina si sbaracca tutto: il divano diventa il mio rifugio, dove passo la maggior parte del tempo a guardare la televisione e a diventare una campionessa imbattibile di *Super Mario*. Quando supero tutti i livelli mi sento come abbandonata e ricomincio da capo.

Cerco di cancellare il pensiero di cosa accadrà di lì a poco. Non vedo l'ora di arrivare a Budrio e al contempo sono impaurita dall'idea di provare nuovi dolori, dalla possibilità di non farcela.

Prendo confidenza con la mia nuova "bat mobile" – una sedia da ufficio – e cerco di arrivare in cucina da sola all'ora di pranzo o di cena. Mi faccio decine di foto con il cellulare e mando MMS ai miei amici, cugini e zii che, tornati alla vita di tutti i giorni, sono curiosi di sapere come procedono le mie giornate.

La domenica è il giorno delle sorprese: sono in tantissimi a farsi due ore di strada tutt'altro che bella per venire a trovarmi da Reggio, giocare con me a carte o a Monopoli, portarmi la pasta al forno o, semplicemente, abbracciarmi.

Daniela e Domenico, i miei cugini, si rivelano meravigliosi: non solo ci fanno spazio nella loro casa, ma mi assistono nel mio percorso di indipendenza. È grazie al loro aiuto, oltre che a quello di mamma e papà, se imparo presto a lavarmi da sola: ogni sera mi portano in bagno e, avvicinandomi al bidet, mi aiutano con i moncherini.

Papà, Enza, la sua compagna, e zio Mike sono gli addetti a passarmi la crema e massaggiarmi le ferite: i massaggi alleviano il dolore e mi fanno percepire un po' meno la sindrome dell'arto fantasma.

Un sabato pomeriggio, stufi di rimanere a casa, tutti propongono con grande naturalezza di uscire per andare a prendere un gelato. Io, ormai abituata al letto o al divano, li incoraggio a uscire, avrei aspettato il loro ritorno. Mi rispondono quasi in coro: «No, è inteso che devi venire anche tu!».

«Ragazzi, non avendo le gambe sarà difficile che facciamo una bella passeggiata tutti insieme...»

«Nulla è impossibile» risponde zio Mike. «Ti porterò io.»

Salire in macchina è ancora un incubo, ma tenendo il finestrino abbassato e lasciando che l'aria mi sfiori il viso mi sento meno prigioniera.

Andiamo in centro, nella gelateria migliore e più frequentata di Cosenza. Indosso una tutina bianca, è impressionante vedere il pantalone vuoto. Papà parcheggia proprio lì davanti, zio Mike mi prende in braccio e ci avviciniamo al bancone. Tutti mi guardano: i clienti, il gelataio, i passanti. Mi sento strana, diversa, ma non ho il tempo di riflettere, zio Mike incalza: «Devi scegliere il gusto del gelato». Per lui è tutto perfettamente normale: sta prendendo un gelato con sua nipote. È grazie al suo sostegno, al suo atteggiamento (lo stesso che gli altri della mia famiglia avrebbero tenuto nei mesi a venire) che comincio a trovare la cosa divertente: smetto di badare agli sguardi attoniti e scelgo i miei gusti preferiti, nocciola e pistacchio. Io sono Giusy, anche senza gambe. Nessuno si vergogna di me né di stare lì insieme a me.

Immersa nelle scenette comiche allestite continuamente da papà e zio Mike, sostenuta con così tanta forza e amore dalla mia famiglia, dieci giorni passano alla velocità della luce.

La domenica prima della mia partenza per Budrio è una processione di gente con regali e bigliettini. Qualcuno porta una teglia di lasagne, Sabina e Angela, le sorelle di Felicetta, un barattolone gigante di Nutella, la mamma di Katia mi manda la sua inconfondibile sfoglia di spinaci. Sacha mi porge un mazzo di fiori e una bella felpa arancione: conosce bene i miei gusti e azzecca anche questa. Katia, Manu e Fely, con dei sorrisi larghi da un orecchio all'altro, arrivano con un enorme pacco regalo. Dentro, una bellissima tuta bianca con le bande viola sui lati e un paio di scarpe da ginnastica nuove, rosa e grigie. Delle scarpe nuove per i miei nuovi passi. Numero 37: il mio. «Al massimo potrai barare sull'altezza delle gambe» scherzano, sapendo che ho sempre avuto il complesso dell'altezza. Da bambina passavo pomeriggi interi ad allenarmi con mia cugina Aita a fare il muro della pallavolo: pensavo che saltando mi sarei allungata, ma non ha funzionato...

Prima di andare via, Katia si avvicina e, in disparte, mi allunga un libro. *E li chiamano disabili...* di Candido Cannavò, appena uscito. Qualcuno in famiglia fa fatica ad apprezzarlo, io per niente: io voglio essere così, come loro, "disabile-per-modo-di-dire". Lo apro e dentro trovo una dedica del suo ragazzo, Emanuele. Il giorno dell'incidente erano appena partiti per una vacanza in Sicilia. Quando la notizia li ha raggiunti stavano svuotando le valigie: bene, le hanno richiuse e sono tornati indietro, perdendo ovviamente i soldi della vacanza. Leggo e mi scompiscio: "Vedi di tornare presto a camminare e ricorda che mi devi sempre 500 euro".

Qualche sorriso e molte lacrime di commozione dopo, ci abbracciamo tutti.

Nuova vita: aspettami!

Con occhi nuovi

In aeroporto provo un mix di emozione e angoscia. È la prima volta che prendo un volo insieme a mia madre e a mio padre. Forse è l'adrenalina, ma mi ritrovo a pensare: "Speriamo che non caschi l'aereo proprio oggi che non ho le gambe". Partiamo da Lamezia per Bologna, dove mio fratello ci attende con la macchina per condurci al famoso Centro protesi Inail di Budrio.

La strada da Cosenza a Lamezia è breve ma dal sedile di dietro tengo gli occhi sempre fissi sul guardrail, un filo di panico che mi tiene molto ma molto vigile. Accanto a me c'è mamma, che chiacchiera ininterrottamente per farmi distrarre e qualche volta mi massaggia pure le gambette.

In aeroporto zio Mike si fa carico di tutto l'aspetto organizzativo: due addetti con una sedia a rotelle vengono a prendermi e mi accompagnano in una sala d'aspetto riservata. La gente mi guarda, mi fa sentire diversa, a disagio. Di colpo sono tornata bambina. Di colpo ho bisogno di qualcuno. Prego che non mi scappi la pipì proprio in quel momento: mi mette l'ansia l'idea di dovermi appoggiare sulla tazza di un bagno non mio, ma non avendo le gambe non ci sarebbero altre soluzioni. Sono sempre stata molto schizzinosa, ma per fortuna papà e mamma si rivelano molto più bravi di me a gestire queste situazioni (per esempio estraendo da una qualche borsa dei copriwater). Siamo davvero pronti, noi tre.

All'arrivo a Bologna mi tocca un altro giro in sedia a rotelle. Mentre aspettiamo i bagagli mi sento impotente, indifesa. Non posso fare niente: né dare una mano né, tantomeno, gestire il viaggio. È una sofferenza: sono abituata a fare tutto da sola, viaggiare è il mio pane quotidiano.

Per fortuna dura poco, e come usciamo veniamo travolti dalla gioia di Domy e dai suoi abbracci, che durano diversi minuti. Insieme a lui c'è Fabrizio, il ragazzo che mi mandava i succhi di frutta con i messaggi, carissimo amico anche di Domy, cui è stato vicino in queste settimane.

Il tragitto in macchina dura una quarantina di minuti: io sono sul sedile di dietro, al centro, stretta nell'abbraccio amorevole di mamma e papà. È fine ottobre e la nebbia è già molto fitta. Il sole di Cosenza sembra un lontano ricordo.

Vedere il Centro è uno choc. Le immagini su internet raccontano un'altra storia, la storia di una struttura nuova, luminosa, circondata dai famosi prati con le galline che mi aveva spedito mio fratello. Qua davanti ho un edificio rossiccio, con l'intonaco che cade a pezzi, il vialetto di asfalto con un paio di buchi e piccole aree di verde spelacchiate e tristi. Stringo forte la mano di mia madre, quasi a dirle: "Per favore, non lasciarmi".

Mio fratello entra e si fa prestare una sedia a rotelle perché io possa scendere dall'auto.

Mi sembra di disturbare, mi chiedo se forse avrei dovuto telefonare prima o farmi portare in braccio da qualcuno. Pensieri inutili: lì dentro tutto è normale, ma io non ne ho ancora idea. Sto per entrare in un nuovo mondo.

Varchiamo la soglia e ad accogliermi c'è solo Lucia, storica receptionist. Il lunedì sera, alle 17, scompaiono tutti. In questo vuoto pneumatico un po' inquietante, il suo sorriso riluce come una cometa e contribuisce a tranquillizzarmi. Tranquilla non lo sono per niente: mentre Lucia mi registra, vedo persone che camminano con dei tubi al posto delle gambe, gente senza braccia, addirittura uno senza un occhio. Mi sento un mostro: guardo loro, poi guardo me. Ho rifuggito il pensiero finché ho potuto, ma la verità è che io sono come loro: se loro sono mostri, anch'io lo sono.

Era deciso che mia madre sarebbe stata ricoverata insieme a me, mentre papà, Domy e Fabrizio si sarebbero fermati in hotel. Per qualche motivo ignoto il ricovero di mia madre non risulta da nessuna parte.

Comincio a piangere e mi impunto: senza di lei io lì non ci rimango. Ho una paura dannata, temo che possano farmi chissà che cosa. Tutti cercano di calmarmi, Lucia mi dice dolcemente che ci sono infermiere molto preparate, che per qualsiasi esigenza potrò chiedere a loro, che forse si tratta solo di una notte, ma niente: io senza mia madre lì non voglio stare. Dal giorno dell'incidente non sono mai stata da sola, neanche una notte: non sono pronta a cominciare adesso, e men che meno in quel posto.

Grazie alla preziosa collaborazione di Lucia, mio padre riesce infine a far inserire pure mia madre e, trattandosi della mia prima volta lì, mi assegnano una delle stanze più belle: la 10, l'unica con il bagno privato. Lucia ci accompagna e ci consegna una pila di fogli con tutte le informazioni necessarie: regolamento, orari e numeri di riferimento.

Facciamo giusto in tempo a posare le valigie perché alle 19 esatte viene servita la cena. L'impatto con la mensa è drammatico: siamo tutti lì, tutti invalidi, tanti in sedia a rotelle. Molti hanno il volto tirato, provato dalla fatica e dal dolore, altri disteso e disinvolto. Qualcuno ci invita a fare gruppo, ridendo e scherzando. Io e mia madre ci guardiamo pensando: "Non è capitato solo a noi".

Subito dopo cena papà se ne va e noi torniamo in camera, sole. Mi butto sul letto meditando su una frase che mi avevano detto i medici al telefono: «In una settimana ti rimetteremo in piedi». Non ho idea di come. Del resto sono senza gambe e non ho mai visto una protesi.

È ancora prestissimo e mamma mi convince a fare un giro di perlustrazione, tanto per vedere come sono fatte le protesi. Lei mi spinge e io, curiosa e un po' impaurita, mi rannicchio e mi faccio trasportare.

Lungo il corridoio incontriamo dei ragazzi che chiacchierano seduti su una panchina. Rimango, ancora una volta, scioccata: tra tutti non saprei dire chi è messo peggio. Molto gentilmente ci spiegano che di sera il reparto officina viene chiuso e ne approfittano per presentarsi e fare due chiacchiere con me. Mamma dice che ho avuto un incidente e mi incoraggia a parlare con loro ma io rimango molto sulle mie, raccontando l'accaduto solo brevemente: non ho alcuna voglia di socializzare e di parlare di me, così trovo il modo per cambiare discorso e chiedere cosa è successo a loro, perché si trovano lì.

Di fronte a me c'è Lucia, una ragazza napoletana che ha avuto un incidente in motorino: hanno dovuto amputarle una gamba fino all'anca. Poi c'è Giuseppe, palermitano, che prima dell'incidente faceva il camionista. Ha un'aria pacata e simpatica, si rende conto del mio choc e mi dice sorridendo: «Anche io sono un bilaterale e cammino, potrai farlo anche tu se solo lo vorrai». Accanto a lui, Sabina, piemontese delle Langhe. Se chiudo gli occhi mi sembra di sentir parlare Enrica, una mia amica di Alba. Guardandola, però, torno alla realtà. Sono lì, in mezzo a loro, amputata come tanti. Sabina non ha avuto nessun incidente ma è nata affetta da focomelia, una malattia che non consente la formazione completa degli arti. Le mancano completamente le gambe. Mi chiedo come possa vivere così, che vita sia la sua, eppure ha un sorriso e una serenità fuori dal comune. Accanto a lei c'è Antonio, un bel ragazzo siciliano, silenzioso e discreto. A differenza degli altri, tutti in tuta, con stampelle o sedia a rotelle, lui è in jeans e maglione. All'apparenza non gli manca niente, lo etichetto come accompagnatore e non chiedo nulla.

Leggermente sconvolta, dico a mia madre che sono stanca e le chiedo di tornare in camera.

La notte non riesco a dormire, ma non per i dolori: è preoccupazione.

La mia spavalda sicurezza è crollata parlando con i ragazzi, guardando la gente in mensa.

Fuori dal mio orizzonte consueto c'è un mondo di cui non mi sono mai accorta. Nessuno di noi se n'è mai accorto. Siamo così presi dalle nostre vite, dalla nostra carriera e dagli impegni più vari che spesso facciamo il grande errore di non guardarci nemmeno intorno. Gente così io non l'avevo mai vista, e se l'avevo incrociata per strada avevo pensato la stessa cosa che ho letto negli sguardi dei passanti davanti alla gelateria: "Poverina", "Che sciagura", "Come farà?".

Ora li guardo con attenzione e sono tanti.

Appena entrata ho guardato quelle persone con questi occhi, occhi razzisti, occhi sbagliati. Tra me e me li ho chiamati "mostri". Mi ha fatto impressione vedere i tubi che camminavano, gente malformata, monca, con manine o piedini attaccati a metà delle braccia o delle gambe.

Mi sono demoralizzata, perché se io sono lì, sono come loro.

Sono un "mostro"? No, nessuno mi ha mai fatto sentire tale. Non mio padre, che mi massaggia i moncherini, non mia madre, che era lì accanto a me in mensa, non mio zio, che non si è vergognato di portarmi in braccio nel posto più gettonato della sua città.

È stato tremendo capire che ciò che faceva di me un "mostro" erano quegli occhi. Ma ci ho messo poco. E quegli occhi li ho cambiati immediatamente con altri privi di pregiudizi, più tersi, più puliti.

«E ora in officina»

Il giorno dopo mi sveglio un po' preoccupata di non farcela. Ora che ho visto altri nella mia situazione, sono più conscia di quello che dovrebbe accadermi. Al contempo sono carica come una molla: scoprirò come sono fatte le protesi, come possono sorreggermi.

Mio padre e mio fratello sono più gasati di me. Arrivano in camera prestissimo con un caffè per la mamma e mi aiutano a sollevarmi, lavarmi e vestirmi mentre lei fa colazione.

Prima meta: la visita medica. Siamo curiosi di capire.

Ci viene incontro il dottor Nicita: evidentemente calabrese, dunque entriamo subito in sintonia. Anche se non lo fosse stato, sarebbe cambiato poco: ha un talento naturale per l'empatia. Verifica le ferite e mi dice quello che volevo sentire: sono completamente guarite, asciutte e pronte per le protesi. «I monconi sono belli e senza riporti di pelle, questo ti aiuterà nell'adattamento. E ora andiamo in officina.»

La parola "officina" un po' mi inquieta, mi sembra di essere un'auto vecchia da riparare. Ma anche altre diciture – che di lì a poco sarebbero diventate normali – mi spaventano: mi fanno aspettare nella "sala gessi" che qualcuno mi "analizzi il movimento" per capire quale "ausilio" sia il migliore per me.

Io e mio fratello notiamo che sul tavolo c'è un prototipo di protesi, almeno così ci sembra. È una specie di gamba modulare, composta da tre pezzi: piede, tubo lungo quanto una tibia e, infine, una specie di vaso contenitore di resina color carne. Di fianco ce n'è un altro, trasparente. Chissà se le mie gambe saranno così!

Dopo qualche minuto arriva in saletta un ometto simpatico, sembra un cartone animato. Capisce al volo che sono lì per la prima volta e cerca di spiegarmi bene cosa mi succederà da quel momento in avanti. Lui si chiama Gabriele ma io lo soprannomino subito "Panzuneddu", per la sua bella pancia rotonda e il ciuffo biondino di capelli arrotolato a banana. Lui sta allo scherzo e, per ricambiare, prende a chiamarmi Giuseppina anziché Giusy, cosa che mi infastidisce. Dopo una decina di minuti di schermaglie, iniziamo a lavorare sul serio.

Mi fa sedere su un lettino e con il gesso mi prende le impronte dei monconi. Nel frattempo, spiega minuziosamente ogni passaggio a me e a mio padre. Mia madre fatica a reggere l'impatto e ogni occasione è buona per uscire a fumare. Domy invece rimane sempre accanto a me, non salta un passaggio.

Dopo la prima impronta andiamo in giro a curiosare, finché, alle 12 esatte, suona una campana: è ora di pranzo. Tutti, ma davvero tutti, in quel momento abbandonano qualsiasi cosa stiano facendo per andare a mangiare. Per me è sconcertante, il mio approccio al lavoro era completamente diverso, ma apprezzo il fatto che ci sia un'organizzazione così rigorosa. Generalmente i problemi nascono dall'assenza di organizzazione, non certo dall'eccesso.

Nel pomeriggio, convinta di non dover fare nulla, mi chiudo in camera. Faccio molta fatica ad abituarmi all'ambiente, che mi è ancora estraneo.

A un certo punto, però, mi chiamano dalle officine: «Se vuoi puoi fare le prime prove». Già? Papà spinge la mia sedia a rotelle e ci precipitiamo a vedere. Lungo i corridoi incontro Antonio, il ragazzo che la sera prima era in jeans e maglione e che credevo fosse un semplice accompagnatore. Scopro in quel momento che anche lui è amputato. Indossa un paio di pantaloncini che mettono in evidenza il suo fisico atletico e slanciato, ma anche una gamba strana, composta da un tubo lungo e un ginocchio con un led luminoso: sembra Robocop. Col suo fare educato accenna un saluto e continua per la sua strada. Penso che forse è un po' altezzoso: troppo sicuro di sé, di certo se la tira. Ricambio il saluto solo per gentilezza e proseguo anch'io insieme a papà e Domy.

In officina vedo Sabina, la ragazza focomelica che la sera prima era seduta senza gambe. È in piedi, da sola, cammina appoggiandosi al muro. Ha due lunghi tubi al posto delle gambe. Continua a farmi impressione, ma sono completamente conquistata, travolta dall'ammirazione: si muove in maniera naturale, mi parla, mi saluta, passeggia... rimango senza parole.

Proseguiamo verso una saletta piena di gente. Il percorso dalle camere alle officine è lungo e stancante ma l'euforia di provare le prime protesi mi fa dimenticare tutto. Panzuneddu ci accoglie e spiega che ognuno lì ha un compito: c'è chi prende le impronte, chi si occupa delle prime prove, chi insegna a camminare, chi ripara le protesi. Mi presenta Andrea, l'esperto delle prime prove, un ragazzo alto e dalle grandi mani, e il caporeparto. Papà si preoccupa subito di chiarire che per me vuole il massimo della tecnologia, che non gli interessa sapere quanto costerà. Il caporeparto ci spiega che io sono lì come invalida Inail e, in quanto infortunata sul lavoro, tutta la tecnologia è coperta dall'assicurazione. Quella è la prima volta in cui sento parlare di invalidi civili, assistiti Asl e invalidi sul lavoro, assistiti Inail, come me. Nessuno ci ha mai spiegato prima la differenza. A parte questi dettagli burocratici, ci viene detto che la tecnologia, al momento, è inutile: le mie prime protesi sono provvisorie, il più leggere possibili, servono semplicemente a far sì che il mio cervello e i miei monconi si abituino a un corpo estraneo.

Andrea, che soprannomino subito Andrew, mi guarda in faccia e capisce che sono completamente stordita. Troppe informazioni, tutte insieme, tutto troppo in fretta. Non ho il tempo di metabolizzare. Mio padre e Domy, però, sembrano così coinvolti, così felici, come se potessi riprendere a camminare lì, davanti a loro, in quel momento, che non mi sento di rovinare l'atmosfera. Così cerco di camuffare il mio stato di choc, evidentemente con scarsi risultati.

Andrea, con una delicatezza che ricorderò sempre, mi mette ai monconi delle cuffie con esterno in tessuto e interno in poliuretano, una specie di sostanza gommosa che dovrebbe proteggermi, come fosse una calza.

Poi mi mostra le mie prime protesi: assomigliano al prototipo che abbiamo visto nella sala gessi: un vaso sagomato sulla forma del mio moncone, dove infilare la gamba, un tubo e un piede. Il tubo è regolabile: può essere più o meno alto. In due mi aiutano a sollevarmi, ma fa malissimo.

La stanza è piena di persone sedute vicino alle pareti, troppe per i miei gusti. Non me la sento di sostenere questa prova durissima davanti a tutti loro, ho bisogno di stare sola. Scoppio a piangere per il dolore e la tensione. Panzuneddu gentilmente fa uscire tutti fuori e rimaniamo solo noi: la mia famiglia, lui e Andrew.

Mi sollevano di nuovo, ma fa ancora male e dopo due secondi torno seduta.

Andrew mi incoraggia a sforzarmi: devo fare dei passi, altrimenti lui e Panzuneddu non possono capire se la protesi va bene o meno.

Davanti a me c'è una pedana, ai lati due sbarre parallele, all'altezza delle mani. In fondo, un grande specchio.

«Proviamo ancora.» Mi sollevano di nuovo e mi aggancio alle parallele. Faccio forza sulle braccia e cerco di sorreggere i monconi il più possibile, ma le braccia sono debilitate da tanti mesi di ospedale. Mi sforzo di resistere al dolore e arrivo a stare in piedi più di 10 secondi. Nello specchio ci sono io: tuta, capelli legati con fascia colorata, pantaloncini e due tubi al posto delle gambe. La visione è troppo forte e scoppio di nuovo a piangere. Domy è sconvolto e impressionato quasi quanto me, ma l'euforia di vedermi in piedi lo porta a farmi qualche foto col telefonino.

Sono felice di aver sollevato dopo tanti mesi il sedere da quella odiosa sedia, ma ora che ho provato cosa significa stare in piedi sono convinta che mai riuscirò a camminare: il dolore è troppo forte, non lo reggerò mai.

Come mi siedo, Andrew mi toglie le cuffie che mi aveva messo all'inizio e nota che attorno alle cicatrici si sono formate delle vescichette a causa dello sforzo. Terrorizzata dal fatto che possano influire sulla cicatrizzazione, che mi tocchi tornare in ospedale o, peggio, di venire nuovamente operata, lo guardo implorando una qualche forma di rassicurazione e lui mi dice di stare tranquilla, «è una cosa normale i primi tempi». Visto che nella gamba destra è rimasto un pezzettino di tibia, nel timore che possa fuoriuscire per lo sforzo chiamiamo il dottor Nicita, perché verifichi la situazione. Lui si precipita e mi tranquillizza subito: è una cosa da niente, le infermiere mi tireranno il liquido con una siringa e mi medicheranno.

Stremata dalla prova mi faccio riaccompagnare in camera. Il gesto di Andrew e Panzuneddu di far uscire tutti per darmi modo di provare le mie prime protesi senza sentirmi una cavia è stato fondamentale. Non mi sono sentita trattata come un'auto vecchia cui installare dei pezzi di ricambio: hanno capito quanto per me fosse delicato quel momento, e io non li ringrazierò mai abbastanza per questo.

Il giorno dopo, Domy annuncia che deve tornare a Milano, ma passerà a trovarmi nel weekend. Papà, invece, rimarrà in un residence finché non sarò pronta per essere dimessa.

Dopo una nuova faticosa giornata di prove con Andrew a Panzuneddu, la sera, dopo cena, mamma mi porta a vedere la cappella in fondo al corridoio. Scopriamo che alle 20 recitano il rosario. Entriamo: vetrate alle finestre, molta sobrietà, luci soffuse. Poca gente, per lo più anziani in sedia a rotelle. I giovani sono tutti nei corridoi. Chiedo a mamma di fermarmi e inizio a pregare, insieme a lei. Sgrano il rosario d'oro che mi ha regalato papà, che sono finalmente riuscita a rimettermi al dito, mi perdo nella preghiera e, ancora una volta grazie alla fede, sto molto meglio.

Al termine della veglia sono più carica, mi sento più solida.

Conosco padre Giancarlo, una persona davvero eccezionale, dal fare pacato, umano, dai toni delicati e poco invadenti: avrei avuto modo di apprezzarlo negli anni a venire, a mano a mano che quella sarebbe diventata la mia seconda casa. Padre Giancarlo ci invita a messa, che diventa una tappa fissa delle mie giornate.

La sera, quando papà è tornato in albergo, la mamma fa il resoconto telefonico della giornata a tutti i parenti che chiamano per essere aggiornati. Io invece non voglio parlare con nessuno. Mando molti SMS, ai cugini e agli amici, chiamo solo Sacha. La sua assenza ogni giorno è più evidente. Non mi è chiaro perché lui non sia lì con me: nonostante tutte le promesse di esserci sempre, ora non c'è. Questa è la mia nuova vita, come possiamo pensare a un futuro insieme se lui non mi è vicino mentre compio i miei nuovi, primi passi? Ogni sera si dilunga sul suo lavoro, ha davvero molto da fare ed è contento che io non sia sola. Per fortuna non è così, ma non certo grazie a lui. I suoi sono alibi, ma ho altro a cui pensare. So che qualcosa non va ma non voglio litigare, così accetto la situazione, cercando di non darle troppo peso.

I giorni seguenti passo il mio tempo con Andrew e Panzuneddu, che cercano di spiegarmi come stare in piedi, come lanciare la gamba in avanti, come si fanno i passi. Papà non si perde un respiro, mamma appena può esce a fumare. È difficile accettarlo. È difficile affrontarlo. Stare in piedi è doloroso: facendo forza sulle braccia e appoggiandomi alle parallele, appena posso abbasso lo sguardo per osservare i piedi. Mi fa effetto vedere quei tubi al posto delle gambe, ma mi torna il sorriso quando l'occhio mi cade sulle scarpette rosa e grigie che mi hanno regalato le mie amiche.

Io devo camminare a tutti i costi. Ho promesso che a Natale sarei tornata a Reggio in piedi, dunque devo sforzarmi e farcela. Penso continuamente al giorno dell'incidente, al dolore allucinante di quei momenti, e mi ripeto che, se ho superato quello, tutto il resto è in discesa.

Discesa per modo di dire. Trascorro le giornate tra la sedia e le parallele, la sedia e le parallele. È estenuante: due passi, e mi siedo. Mi riposo dieci minuti, poi altri due passi. Forse è più stressante per mamma e papà, che non possono farci nulla.

Il primo weekend a Budrio porta con sé la notizia che non è finita: non posso ancora essere dimessa. Se lo desidero posso tornare a Milano, poi venire a prendere le protesi appena pronte. Non se ne parla nemmeno: non voglio tornare a Milano senza gambe e decido di rimanere e aspettare il lunedì.

Visto che è possibile ricevere visite, Domy si presenta con nostra cugina Caty.

Poco prima di trasferirmi definitivamente a Milano, ho vissuto per due anni ad Alba, per lavoro. Io e Caty ci adoriamo da allora. Lei, milanese da anni, mi aveva riservato un nido a casa sua, che era diventato il mio rifugio nei fine settimana. Prima dell'incidente avevo una vita movimentata, sempre in viaggio e spesso sola. Stare con lei e la sua famiglia mi dava quella stabilità che mi mancava. All'epoca Domy non viveva a Milano e io ero sparpagliata tanto quanto tutti quei parenti che non riuscivo a vedere. Lei era il mio punto fermo. Non ci vedevamo da luglio, prima delle vacanze estive. Aveva appena finito di aiutare Domy a orientarsi e poi è successo questo. Dopo che l'avevo rispedito a casa lei l'aveva praticamente adottato, aiutandolo il più possibile. Passiamo insieme tutto il sabato, ma la sera devono rientrare a Milano.

Ho piacere di ricevere visite soprattutto perché temo che mamma e papà, ormai divorziati da anni e non in ottimi rapporti, nonostante la prova egregia che stanno dando di loro, scoppino in qualsiasi momento. La tensione è tanta, i momenti morti infiniti: mentre io cerco di riposarmi tra un passo e l'altro, e sono evidentemente distratta, loro avrebbero tutto il tempo di punzecchiarsi. Per fortuna, però, non succede: l'equilibrio che abbiamo trovato ha delle regole e dei riti, loro li rispettano e sono bravissimi nel mantenere la situazione il più fluida possibile.

Sabato vedo arrivare anche Valeria, la mia amica di Alba. In ospedale mi aveva telefonato innumerevoli volte e piano piano era anche riuscita a non singhiozzare più ma ad ascoltare i miei progressi e a gioirne con me. Valeria ha un sesto senso esagerato, quindi esauriti i convenevoli e gli aggiornamenti su passi, protesi e sedie a rotelle, mi chiede se c'è qualcos'altro che non va. Basta la domanda per farmi scoppiare a piangere, questa volta per Sacha: sto facendo finta di niente ma sono piena di dubbi sul futuro e sul fatto che il mio fidanzato voglia esserci, in quel futuro. Lui, che dice di voler passare il resto della sua vita con me, non è lì a condividere con me questi momenti, che per me sono fondamentali.

Valeria mi rassicura, ma faccio fatica a credere alle sue parole. So che vuole essere carina e non fornirmi appigli per ulteriori preoccupazioni, ma ormai, preoccupata lo sono già...

Piuttosto, lei. Avevo paura che si impressionasse a vedermi in sedia a rotelle senza gambe, invece, con tutta la naturalezza di questo mondo, mi sfiora e mi dice: «Tu sei sempre Giusy, sei qui e ti posso accarezzare. Devi essere forte e sapere che non sei sola!». Il suo gesto mi tocca nel profondo, sono felice che sia lì e che ci sia nella mia vita.

Il lunedì arriva in un batter d'ali e sono carica come una molla: non vedo l'ora di tornare a provare.

Il mio corpo lentamente si sta abituando alle protesi, che sono comunque corpi estranei. L'entusiasmo non mi passa, nonostante la fatica, il dolore permanente e la routine. I giorni trascorrono tutti uguali: prove, pranzo, prove, doccia, messa, cena. Le novità sono poche ma significative: finalmente riesco a fare la doccia! Fino a quel momento mi ero sempre lavata a pezzi, adesso sono lì, seduta su una sedia, dentro una doccia! Subito dopo prendo coscienza del fatto che anche a casa mia a Milano, per farmi la doccia, avrò bisogno di una sedia.

Tra una prova e l'altra faccio qualche amicizia. Rosario, siciliano, ha perso due gambe sopra il ginocchio a causa del diabete ma non la verve: non l'ho mai visto camminare, prova ma non riesce, o non se la sente. In compenso, simpaticissimo, è un mago delle carte e di sera ci sfidiamo in lunghissime partite a burraco.

A Paola, invece, mancano due gambe e un braccio. L'altro braccio termina con due dita. Affetta da focomelia, gira per il Centro con una sedia a rotelle elettrica rivolgendo a tutti larghi sorrisi che mi colpiscono al cuore. Una sera la incontro quando sono un po' giù di morale a causa delle ferite che fanno male e della fatica per abituarmi alle nuove protesi. Le chiedo come faccia a essere sempre così felice e luminosa: io, nonostante ce la metta tutta per essere propositiva, mi sento il mondo sulle spalle. Lei mi risponde che si sente molto fortunata. Non sono sicura di aver sentito bene: la guardo interrogativa e, con un filo di imbarazzo, le domando: «Com'è possibile?». Non ci arrivo: basta guardarla per rendersi conto di quanto la vita sia stata crudele con lei. Con mia grande sorpresa, Paola, forse abituata a domande del genere, ribatte: «Giusy, la vita è stata più crudele con te che con me! A me mancano più arti, è vero, ma io non provo il dolore fisico che provi tu. Io non ho un "prima". Questa è la mia normalità da sempre e io ci vivo benissimo». Rimango scioccata dalla naturalezza con cui esprime il suo pensiero che, riflettendoci bene, non posso che condividere.

Qualche volta ci viene dato il permesso di uscire di pomeriggio. Io, mamma e papà non ci lasciamo sfuggire l'occasione e prendiamo la navetta per la città: voglio che in qualche modo si distraggano, ma fuori dal Centro non sono a mio agio. Fa freddo e la sedia a rotelle non è semplice da gestire sull'acciottolato bolognese. Mi sento osservata, mi sento diversa. Mi sento anche in colpa: Sabina, la ragazza focomelica senza gambe che ho incontrato, mi ha raccontato che, nel tempo libero, va in campeggio con gli scout. Eh? A me sembra già un'impresa fare la pipì: raramente i bagni sono attrezzati. Mamma lo sa bene, mi accompagna con grande semplicità e porta sempre con sé un asciugamano e i mitici copriwater per aiutarmi. Papà sdrammatizza costantemente e finiamo per ridere anche nelle situazioni più imbarazzanti.

Ogni giorno che passa mi rendo conto della mia fortuna: i miei genitori sono due persone straordinarie e sono lì con me in questo momento. Da sola sarei crollata molto prima.

In quei giorni mi sorprende Romano, un agente mio collega. Ha saputo dell'incidente e che sono lì e, dato che vive a Bologna, è così gentile da passare a trovarmi per portarmi dei fiori e sapere se ho bisogno di qualcosa. Inizialmente sono dispiaciuta del fatto che mi veda in sedia a rotelle, senza gambe. Provo ad alzarmi ma sono ancora troppo debole, non ce la faccio. Lui mi aiuta a uscire dall'imbarazzo chiedendomi se voglio fare "due passi" in giardino accompagnata da lui, e si offre di spingermi. È un gran signore. Chiacchieriamo dell'azienda per la quale lavoriamo entrambi, che si sta rivelando in quel frangente assente e sorda.

Ormai riesco a stare in piedi per un tempo più lungo e a fare più di due passi di fila. È una vittoria eccezionale e i medici cominciano a pensare alle mie dimissioni. Mi sembra una decisione molto azzardata ma mi spiegano che dovrò tornare per molto tempo ancora a trovarli, a intervalli di pochi mesi. Un po' rassicurata mi dedico con papà e mamma a uno shopping specialissimo: nel reparto ausili del Centro, scegliamo la sedia a rotelle che avrei portato a casa. Mi sembra di stare in un concessionario a confrontare potenziali auto nuove! Dopo mille tentennamenti vince un'ultraleggera, piccola e, soprattutto, rossa, contro il malocchio.

In quei giorni porto spesso le protesi addosso anche quando sono seduta. Andrew mi spiega che il corpo deve abituarsi e io, ligia al dovere, cerco di toglierle il meno possibile. Le tengo quando sono seduta, in officina, ovviamente tra le parallele.

Una sera, dopo le prove, prima che papà torni in albergo decido di provare a indossarle con il suo solo aiuto. Siamo in camera, ho le unghie piantate nel materasso per paura di cadere. Papà mi incoraggia a fare qualche passo verso di lui, io cerco di evitare, ho paura a camminare senza parallele, temo di sfracellarmi al suolo, mi sembra molto meglio evitare. Lui, però, insiste, ed è un'emozione bellissima. Alzo quelle gambe pesanti a stento ma riesco a fare qualche passo completamente da sola, senza stampelle. Arrivo fino al letto di mia madre, trascinandomi a fatica e provando un dolore enorme alle ferite, ma la gioia di muovermi è immensa! Abbraccio forte il mio papà, che sorride felice e fiducioso. La mamma si commuove e mi dice: «Visto? Quando saremo a casa potrai andare a prenderti un bicchiere d'acqua da sola». *Saremo* a casa: insieme.

Sono entrata da due settimane quando i medici ufficializzano le mie dimissioni.

Gli ultimi giorni li dedico all'uso delle stampelle: riesco a percorrere piccoli tratti, qualche metro, e non mi sembra vero. Guardandomi allo specchio mi rendo conto di muovermi come un robot, ma ripenso a Sabina e alla sua grazia e conto di migliorare nel tempo.

Da buona rompiscatole quale sono, polemizzo con i tecnici sull'altezza dei tubi. In camera ho provato un paio di "vecchi" pantaloni e strisciano per terra, quindi è evidente che mi hanno abbassata. Mi rispondono che all'inizio è meglio avere il baricentro basso, che aiuta a imparare e mantenere l'equilibrio, hanno fatto così anche con Zanardi. Storco il naso ma accetto la loro decisione e mi riprometto di insistere per farmi allungare la prossima volta.

I tubi vengono ricoperti prima di gomma piuma, poi con della resina: alla fine sembrano gambe vere. Brutte, grosse, non le mie, ma, nascoste dai pantaloni, nessuno ci farà caso. E, soprattutto, benedette: padre Giancarlo si è offerto di fare una piccola cerimonia e io ho accettato immediatamente.

Il giorno prima di partire viene a trovarmi Enrica, altra mia amica di Alba. La sua visita è assolutamente inaspettata: è un tipo molto riservato, non pensavo che sarebbe venuta. Invece eccola lì, per la gioia mia e di mia madre, che la adora.

Per evitarle la mensa del Centro decidiamo di andare a pranzo fuori, in un ristorante della zona. Anche se mi fanno male e cammino a stento, indosso le mie gambe nuove e mi vesto bene. Grazie alle stampelle riesco a fare qualche passo ma quando incontro scale o salite devo risedermi sulla sedia a rotelle. Fa freddo e mia madre mi ricopre con un cappotto lungo con il pelo, dopo due passi sono completamente sudata.

Uscire dal Centro, anche se solo per un paio d'ore, si rivela un grande allenamento e anche un nuovo punto di partenza.

Ricevere tutte quelle visite e quelle manifestazioni d'affetto, anche da chi non avrei immaginato, mi ha riempito il cuore, un po' svuotato a causa dell'assenza di Sacha. Credevo che, almeno una domenica, a negozio chiuso, avrebbe preso un aereo per raggiungermi. Mi sembra incredibile che non sia curioso di vedere un posto che, per molti anni, forse per tutta la vita, sarà la mia seconda casa.

Per riportarmi a Milano viene Domy, in macchina. Decido di farmi trovare sulla porta: voglio che sia orgoglioso di me. Quando lo vedo arrivare mi alzo, con il solo aiuto di papà e delle stampelle. Riuscire a stare in piedi di fronte a lui è una gioia immensa.

Quella mattina a salutarmi ci sono anche due nuovi amici del Centro, Gennaro e Luca, detto "Lucone" per via della stazza. Gennaro, esile e minuto, è uno dei miei compagni di messa, mentre con Lucone ho in comune la passione per musica e film. Per "ammazzare" i tempi morti si era portato il computer e delle scorte praticamente inesauribili di CD e DVD, che ogni tanto abbiamo visto insieme. Al contrario di Gennaro, Lucone è alto circa due metri e pesa la bellezza di centoventi chili. A causa di un incidente ha perso una gamba sotto il ginocchio ed è spesso ricoverato perché i tecnici non riescono ad azzeccargli l'invaso e il suo moncone tende spesso a sanguinare. Parlando con lui, ho realizzato quanto per me, magra e agile, sia più facile la ripresa, nonostante di gambe me ne manchino due.

Una foto con i miei nuovi amici, una con mamma, papà e Domy – ovviamente in piedi – e sono già stanca. Ma non mi sembra vero di poter stare in posizione eretta e sono felice di vedere che era vero ciò che mi avevano detto i medici: quando sono arrivata al Centro non ero convinta di farcela, ma loro in due settimane mi hanno messo, effettivamente, in piedi.

È ora che papà torni a Reggio. Mamma, invece, sale in macchina con me e Domy: ha deciso che, finché avrò bisogno, sarà al mio fianco.

Esco di lì con qualche bagaglio in più, una sedia a rotelle e due gambe nuove di zecca, ma soprattutto con una carica emotiva pazzesca. Anche se con le stampelle, una postura da robot e poca resistenza, riesco a stare in piedi.

Adesso arriva la parte più difficile: tornare alla mia vita di prima.

Back at home

Il viaggio in autostrada da Bologna a Milano è interminabile e allucinante: continuo a fissare il guardrail, mi manca l'aria. Fuori ci saranno cinque gradi ma devo tenere il finestrino abbassato per riuscire a respirare.

Una volta a casa, Fernando, il portinaio, mi stupisce: è lì fuori ad aspettarmi. Lui e sua moglie si sono presi cura di mio fratello durante la mia assenza, sapevano quanto ci tenessi. Comprendo subito il loro imbarazzo nel non sapere cosa dire, così, con naturalezza, sollevo leggermente il pantalone per mostrargli la mia nuova caviglia, che sembra vera. Voglio far vedere anche a loro che riesco a camminare, faccio pochi passi con le stampelle ma sono costretta a sedermi quasi subito: sono stanca e ho bisogno di riposarmi.

I primi giorni mi sembra quasi di essere in vacanza. Domy va al lavoro, mia madre mi coccola, cucina, va al mercato e, quando torna, ha sempre qualche sorpresa per me. Io rimango a casa, non ho abbastanza forza per uscire.

Dura poco, però: presto comincio ad avvertire un certo disagio. Casa mia è piccolina e in tre ci stiamo stretti. Del resto quando l'ho scelta ero sola, e per me andava benissimo. Non avevo previsto né l'arrivo di mio fratello né tantomeno quello, così a lungo termine, di mia madre.

Devo sforzarmi e contenermi perché la tremenda realtà è che dipendo da loro.

La giornata tipo vede mio fratello uscire presto per andare a lavorare, mamma aiutarmi a raggiungere la tavola con una sediolina con le rotelle da ufficio. Non amo usare la sedia a rotelle in casa, sia per gli spazi stretti, sia perché non voglio abituarmici troppo. Dopo colazione mamma mi aiuta a fare la doccia, poi torniamo in camera per mettere le gambette.

Dopo pranzo, se mi sento in forma usciamo per una passeggiata fino a San Babila: la stessa strada che fino a qualche mese prima percorrevo tutti i giorni da sola per andare in azienda. Mia madre ha una voglia matta di uscire, sarebbe giusto che si distraesse un po', ma per me ogni giretto è un tormento. Il fatto che lei mi debba spingere mi angoscia. Milano è piena di ostacoli: i binari dei tram e i sanpietrini rendono tutto più complicato. Porto con me le stampelle per provare a fare due passi, ma mi stanco subito e subito devo tornare seduta. Ogni giorno, più volte al giorno, mi ci arrabbio e il più delle volte divento antipatica e spigolosa. Mi dispiace litigare con mia madre, ma pur essendomi accanto non riesce a capire fino in fondo la mia frustrazione, il tormento di vedere le mie aspettative costantemente deluse. Per di più, sono costretta a uscire sempre in tuta, perché non posso indossare i miei abiti di prima, e sono stufa. Mentre mia madre mi spinge, io mi guardo attorno con lo sguardo perso nel vuoto, pensando che forse nulla potrà mai essere come prima.

L'inverno avanza imbiancando Milano e il suo cielo, e rendendola sempre più fredda. Abbiamo deciso di passare il Natale in Calabria ma io insisto per aspettare fino all'ultimo a spostarci: voglio essere in grado di sorprendere tutti, voglio entrare in aeroporto camminando e riabbracciare i miei amici e il mio ragazzo stando in piedi e non più seduta. Per farlo devo imparare a usare meglio le gambe.

Passiamo un'infinità di pomeriggi giocando a burraco finché, un bel giorno, mia madre e Domy decidono di dire basta alle tute e mi accompagnano in corso Vittorio Emanuele alla ricerca di un paio di jeans larghi, nei quali possa sentirmi più a mio agio. Lo shopping mi tira su di morale, anche se il più delle volte torno a casa con scarpe e borse che comunque non potrò indossare a breve.

Una mattina mamma esce per andare a fare la spesa. Io rimango sola a casa.

Ed è il giorno in cui succede. Ormai odio il divano, mi sento in gabbia. Sono sempre stata iperattiva e quel senso di impotenza nel fare le cose da sola mi toglie l'aria. In preda a una crisi d'irrequietezza decido che è ora di smettere di soffrire: devo mettere mano all'armadio.

Comincio a tirare fuori tutte le cose che so di non poter più mettere: minigonne, leggings, jeans elasticizzati, abitini, collant, tacchi... Non ne posso più: scoppio a piangere come una disperata. Mi attacco a un'immagine di Gesù che ho sul comodino e finalmente lo dico: «Perché a me?! Perché?!».

Urlando scoperchio il vaso di Pandora che tenevo nascosto: la rabbia. Non è giusto. Non riesco a darmi pace. Non capisco le ragioni di Dio, quale possa essere il suo disegno per me. Ho fatto di tutto per essere indipendente e autonoma e l'idea di dover dipendere da qualcuno a ventotto anni mi annienta.

Mamma torna a casa in quel momento e mi trova buttata sul letto, con i vestiti per aria, disperata e piangente. Realizza subito cos'è successo e si profonde in scuse: «Non dovevo lasciarti sola! Avrei dovuto pensarci!». Sappiamo entrambe che non è vero.

Si avvicina, mi abbraccia e comincia a piangere insieme a me. È la prima volta che piangiamo insieme, che quello che proviamo viene fuori senza il filtro del linguaggio, del desiderio di farci forza, di sembrare più sicure, più toste di quello che siamo.

È un momento orribile e meraviglioso allo stesso tempo: ho capito che sono molto arrabbiata, ma la mia mamma mi sta abbracciando, mi ha guardata, mi ha vista, mi ha capito. Dopo ci sentiamo meglio tutte e due, più leggere. Mamma prende la crema e mi fa una coccola: i massaggini alle gambette.

Qualche giorno dopo, mio fratello e Fabrizio, che conoscono bene il mio amore per l'Ikea, per farmi tornare il sorriso decidono di sacrificarsi e di accompagnarmi a fare un po' di shopping natalizio. Devo essergli sembrata davvero disperata per essersi prestati a tanto...

Partiamo: io e mamma piene di entusiasmo, loro ottimi attori. Ogni minuto all'Ikea noto le differenze rispetto a prima: non riesco ad accedere a tutti gli spazi, ho sempre bisogno di qualcuno, devo prendere l'ascensore, nelle code e nei passaggi stretti sono ingombrante. Più di tutto, la gente mi guarda: è un istante, tempo di compiangermi e di girare lo sguardo, per non farmi sentire fissata. Nonostante tutto riesco a divertirmi e, da vera Ikea *addicted*, a comprare un mucchio di addobbi per la casa.

L'unico posto dove mamma può fumare sono i balconi esterni. La accompagno e troviamo degli alberi di Natale tutti illuminati. L'atmosfera è così natalizia da spingermi ad alzarmi in piedi per fare delle foto. Quelli sono gli unici momenti in cui riesco ad alzarmi con le stampelle: per fare la pipì e per scattare due foto. Niente di più.

Passo dicembre a tentare di ricostruire una parvenza di equilibrio mentale e, allo stesso tempo, a cercare di capire che aria tiri in ufficio: non vedo l'ora di riprendere a lavorare ma mi rendo conto di non essere ancora in grado. Un giorno, con la scusa di cambiare il mio PC portatile aziendale, viene a trovarmi Davide Grimaldi, detto "Grimy", collega ma anche grande amico, uno dei pochi a farsi vivo con e-mail e messaggi e a prendersi a cuore il mio caso. Vederlo arrivare a casa mia mi riempie di gioia: rimaniamo a chiacchierare per ore. Lui vuole sapere ogni dettaglio, io non aspettavo altro che poterlo fare. Non si può fingere che non sia successo niente. Qualcosa è cambiato e non affrontare l'argomento sarebbe da ipocriti.

Ho apprezzato molto il suo coraggio: molte persone davanti a questa tragedia hanno preferito fare finta di niente, cambiare strada, ignari del fatto che non parlarne non può cancellare ciò che è successo. Ma la verità è questa: io non sono più la Giusy di prima. Non perché non ho più le gambe, ma perché tutto quello che è venuto dopo l'incidente mi ha cambiata dentro.

La tenacia, piuttosto, è invariata. Faccio tesoro di quanto il dottor Nicita mi ha detto prima di dimettermi dal Centro: «Sciacqua bene monconi e cuffie, tutte le sere. Prova a camminare spesso, a piccoli passi, e cerca di tenere le gambe addosso, anche se ti danno fastidio». Più facile a dirsi che a farsi, soprattutto nella mia quotidianità milanese.

Con il Natale alle porte intensifico gli allenamenti. Non sto più nella pelle: l'idea di entrare in aeroporto camminando davanti a tutti i miei amici e parenti mi riempie gli occhi di gioia. Voglio stupirli a tutti i costi.

Nel frattempo, stupisco Peppe, mio cugino, e Sabina, la sua fidanzata. Sono di passaggio a Milano e, per fargli una sorpresa, gli do appuntamento in centro. Spavaldamente mi presento in piedi, lasciando la sedia a rotelle a casa. Non voglio che mi veda ancora seduta, così mi aggrappo alle stampelle con tutta la forza che ho e in perfetto stile robot gli vado incontro. Per giunta, ho un nuovo look: lo shopping fatto con mamma e Domy mi ha ridato fiducia. Indosso un jeans con gamba larga, che sfina la mia figura e non lascia intravedere i volumi sproporzionati delle gambe finte, un golfino in cachemire e un bomber viola, con sciarpa in tinta e borsetta a tracolla. Ho sempre amato le borse grandi ma, dovendo scegliere tra quelle e le stampelle, le "postine" si sono rivelate nettamente più comode.

Domy, ormai fotografo ufficiale, immortala il sorriso e la gioia di Peppe nel vedermi così. Tutti sono felici, io sono stremata: procedo molto lentamente, mi sforzo di essere disinvolta e di fare qualche passo in più del solito, ma appena intravedo una panchina chiedo se ci sediamo. La cosa divertente è che tutti tremano dal freddo mentre io, storicamente freddolosa, stranamente non ne risento per niente. Penso alla fatica che mi costano i movimenti, poi mi rendo conto che, non avendo più i piedi, della terra non sento niente, nemmeno il freddo.

Le sorprese non finiscono. Quella settimana, per la prima volta dopo otto anni che vivo a Milano, Manuela viene a trovarmi e io sono felicissima. Dopo qualche chiacchiera a casa e averle fatto vedere tutti i dettagli delle mie nuove gambe, usciamo per una passeggiata. Domy è al lavoro, guida la linea 2, anche se ironicamente ripete spesso che il suo vero lavoro è fare da massaggiatore e da autista a sua sorella invalida. Anche se nevica di brutto, con Manu e mamma decidiamo di fargli una sorpresa. Mi attrezzo con tanto di cappellino e andiamo ad attenderlo al capolinea. All'arrivo non crede ai suoi occhi e ovviamente anche stavolta non può mancare una foto per immortalare il momento.

Il mio primo Natale

Il giorno della partenza mi scontro con un problema insormontabile: le scale. Non so ancora farle e la cosa mi infastidisce da matti. Ahimè, devo ancora una volta ricorrere all'assistenza di qualcuno per salire e per scendere dall'aereo. All'arrivo, la procedura vorrebbe che venissi condotta al nastro dei bagagli ma io voglio entrare in aeroporto camminando, ho lavorato settimane per questo! Quindi, dopo un po' di insistenze, convinco gli addetti a passarmi le stampelle e muovo i miei primi passi fuori dal gate, come avevo promesso.

Oltre le porte mi accoglie uno spettacolo che ha dell'incredibile: applausi, palloncini, un mare di gente. Scoppio a piangere dall'emozione, tanto da fare fatica a distinguere le facce, per lo più incredule: mi hanno lasciata senza gambe in un letto di ospedale e adesso mi ritrovano in piedi, con un paio di jeans larghi che ben camuffano le mie nuove gambe.

È un momento di grande commozione: abbraccio tutti quelli che mi vengono incontro, poi mi dedico a cercare tra la gente Sacha, che, come sua abitudine, se ne sta in disparte aspettando il suo turno. Gli chiedo di avvicinarsi e di abbracciarmi: la sua faccia è più stupita della mia.

"Festa": non ci sono altre parole per descrivere i giorni che seguono, in attesa del Natale. Amici e parenti fanno a gara per venire a prendermi e accompagnarmi ovunque. Tutti sono disposti ad affrontare con me un ostacolo decisamente impegnativo, cioè i due piani di scale senza ascensore del palazzo di mia madre. Per scendere il più delle volte sono mio fratello e mio padre a prendermi in braccio; quando si tratta di salire, se mi sento in forma, cerco di fare una manciata di gradini da sola, uno per volta.

Qualche sera riesco a raggiungere casa di Katia, dove ci sono ritrovi gaudenti di tutti gli amici. Si gioca a carte, si chiacchiera, si ride, anche delle mie buffe gambe. Tutti sono curiosi di vedere, toccare e capire come siano fatte.

Un giorno, visto che Sacha è molto impegnato con il negozio, decido di passare da lui, come prima dell'incidente, per stare un po' di tempo insieme.

Quando apro la porta, il campanello fa *tlin* e suo padre si gira verso l'ingresso: a riconoscermi ci mette qualche istante, è stupefatto, non può credere che sia io. Scoppia a piangere: per la gioia, per la rabbia, per il dispiacere. Mi ha sempre voluto bene come a una figlia e proprio per questo, mi spiega, non ha avuto la forza di venire a trovarmi in ospedale. Provo a parlargli di Budrio e delle protesi, ma l'argomento lo fa stare male: quando faccio per sollevare il jeans per mostrargli la caviglia mi blocca la mano, dicendo che preferisce non vedere, che la cosa lo ferisce troppo. Non so come reagire, cosa dire: consolarlo come faccio di solito con altre persone non serve, così mi butto su un altro argomento, i regali di Natale. Mi stupisce con uno splendido cofanetto di legno pregiato, un pezzo da collezione, con dentro tanti cassetti contenenti un numero infinito di pennarelli e matite colorate per disegnare. Conosce il mio amore per l'arte e ammira il mio lato artistico, che avevo sviluppato soprattutto quando vivevo a Londra e facevo ritratti.

Chi mi stupisce più di tutti, però, è proprio Sacha, che continua imperterrito la sua routine. Lo sento distante da settimane e lo sento così anche ora, non riesco a capire come stia vivendo quello che mi è successo, cosa pensi.

Per Natale mi lascia stecchita presentandosi con un anello con cinque brillanti stupendi. Nel porgermi il pacchetto, che non ha biglietto, è vistosamente imbarazzato: il nostro amico Fabrizio riderà per giorni interi al ricordo di quando Sacha mi ha detto, per farmi capire ironicamente l'importanza del gesto: «Questo vale per ieri, oggi e domani... e anche dopodomani». Dopo una liberatoria risata generale sorrido e lo abbraccio forte. Finisce lì, ma dentro di me so che sono costretta ad affrontare la domanda che rifuggo da mesi: "Voglio davvero passare la vita con lui? È lui l'uomo della mia vita?".

Nei giorni successivi si fa coraggio e prova a farmi un discorso più serio. Vorrebbe che abbandonassi Milano, i miei progetti, la mia vita di prima. Adesso è il momento, secondo lui, di tornare "a casa". Da un lato sentirmi dire tutto questo mi rende felice: lui vuole darmi la tranquillità che forse ogni donna vorrebbe, fatta di amore, famiglia, stabilità economica. Ma c'è qualcosa che non mi convince. Qualcosa di forte, anche se non riesco a identificarlo.

Non mi sento di mollare tutto adesso. Io ho sudato il mio posto. Sono una Versace, ma non per questo ho avuto vita facile: Milano ti divora, soprattutto nel campo della moda, soprattutto se non sei raccomandata e soprattutto se hai un cognome pesante come il mio e lavori per aziende concorrenti. Abbandonare tutto ora significherebbe uscirne sconfitta, ammettere di non farcela, e io non posso accettarlo.

Provo a spiegare a Sacha che sono sempre stata uno spirito libero – e lui lo sa –, che sono imprigionata in un nuovo corpo, mozzato, che non conosco ancora bene, come non conosco per niente bene la persona che sto diventando. Provo a spiegargli che non so ancora se cambierò, e come, e che l'unica strada che vedo per provare a capirlo è continuare ad agire come la Giusy che sono stata fino ad agosto, e quella Giusy non si sente di abbandonare Milano e una carriera costruita faticosamente giorno dopo giorno, e a che prezzo. Provo a spiegargli che prima di accettare la sua proposta di matrimonio ho bisogno di ritrovare me stessa. Lui fa molta fatica a capire, ma accetta di concedermi il tempo che gli chiedo.

Tra i regali che ricevo, due in particolare mi commuovono.

Il primo è di zio Santo, una sedia a rotelle con la seduta tutta colorata. Visto che non si tratta di un oggetto particolarmente simpatico, ha passato giorni interi su internet a cercare la più divertente. Al momento della partenza mi ero posta il problema di trasportare a Reggio la mia "bat mobile" rossa, ma lui mi aveva detto di lasciar perdere, di non complicarmi la vita, che avremmo trovato altre soluzioni. Eccola lì, la sua sorpresa! Speciale, perché mi fa sentire figlia, amata e accolta così come sono.

L'altro regalo, ancora più sorprendente, è di Domy, mamma, papà ed Enza, la sua compagna. Apro il pacchetto e dentro trovo un pezzo unico: una stupenda croce d'oro, con un intreccio di fili sfumati dall'arancio al verde, al giallo, che, simile, avevo intravisto nella vetrina di una gioielleria di Bologna, quando con mamma e papà andavamo a zonzo per dimenticarci del Centro Inail e delle protesi. Adoravo le creazioni di quell'orafo ma, visto che avevano prezzi proibitivi, non mi ero mai avventurata nell'acquisto e, nel raccontarlo a mio padre, avevo detto, per scherzare: «Un giorno qualcuno me la regalerà».

Rimango senza parole (ma con un sacco di lacrime): mi colpisce molto non solo che siano riusciti a trovare un oggetto praticamente introvabile, ma che si siano ricordati di questo episodio avvenuto mesi prima e che anche Enza abbia voluto partecipare. A farmi uscire dall'*empasse* ci pensa mio padre, affrettandosi ad accompagnarmi in chiesa per far benedire il gioiello e, solo dopo, mettermelo al collo, da dove non si è più mosso.

Il pranzo di Natale lo passiamo a casa di nonna Margherita, per tutti "Rirì", la mamma della mamma. Non sa niente. Se indosso pantaloni larghi non si nota nulla di particolare, così abbiamo scelto di proteggere alcune persone della famiglia con una mezza verità: ho avuto un brutto incidente e per un po' non potrò camminare. Tra loro Sara e Alessia, le figlie di mia cugina Titti, le mie due adorate "nipotine", che ho sempre riempito di regali: hanno nove e dodici anni e sconvolgerle non serve a nessuno. E la nonna: conosco il mio dispiacere per fare finta che vada tutto bene di fronte a lei, non riesco a immaginare lo sforzo immenso di mia madre nel fare lo stesso. Siamo convinti che sia per il suo bene, e questo è l'importante. Oggi, per me, è un motivo in più per lasciare a casa la sedia a rotelle. Stampellando riesco a muovere qualche passo, ma per lo più colonizzo il divano.

Passato il 25 i giorni trascorrono lenti. Sto soprattutto in casa, in poltrona o sulla sedia a rotelle; uscire mi stanca, ma per fortuna ricevo spesso visite. Sara e Alessia animano i miei pomeriggi facendo sfilate con i vestiti che non metto più e facendomi promettere che mi rimetterò presto, per accompagnarle a prendere il gelato in via Marina.

La sera è il momento di Sacha che, chiuso il negozio, passa a trovarmi. Si siede vicino a me e, anche se cerca di nasconderlo, percepisco il suo imbarazzo nel guardare le mie gambe parcheggiate accanto al divano, e il suo dolore. È affranto, e io sono dispiaciuta per me e per lui, e perché non so quale sia la cosa giusta da fare.

Le gambe mi fanno male. Mi sforzo di accettare e sopportare il dolore, ma quando non ce la faccio più devo toglierle. Mi tornano in mente spesso le parole di Andrew, il tecnico di Budrio: «Tienile anche se ti fanno male, il tuo corpo si deve abituare».

Sono molto pesanti, tant'è che al mattino il più delle volte devo chiedere l'aiuto di papà per metterle. Lui, gioiosamente, si presenta armato di maschie braccia accompagnate da cornetti e caffè direttamente dal mio bar preferito. Apprezzo e amo l'intelligenza dei miei genitori nel gestire questa situazione: da quando si sono separati papà non aveva più messo piede in casa, ma nel momento del bisogno quello che ritenevano fosse "il mio bene" ha trionfato su tutto.

© Attilio Rossetti

Avvolta nel tenero abbraccio di mamma.

Con papà in ospedale.

La foto che mi ha scattato il dottor Lombardo con tutto il team della rianimazione.

Dicembre 2005.
Sono tornata a Milano.
Anche se
per pochi secondi,
più o meno
sto in piedi!

Scilla, 2006. Orgogliosissima delle mie prime, enormi, bianche e bruttissime gambe da mare.

Uno dei numerosi viaggi a Lourdes, insieme all'Unitalsi, ma soprattutto con la mia migliore amica Fely.

Per la gioia di mamma, nel 2007 torno a guidare non solo l'auto, ma anche il motorino!

Con Antonio, il mio amore.

2008. Al matrimonio di Katia con Manu e Fely: le mie “sorelle”.

Nel 2010, a Imola,
vinco il mio primo titolo italiano.

Pronta a partire!

©Agenzia BF Grosseto

©Agenzia BF Grosseto

Con il mio coach, il mitico Andrea Giannini.

© DUEEOTTO

Stretching in allenamento!

In gara
alla Notturna di Milano,
nel 2011.

Torino, 2012:
il sorpasso finale
e la vittoria! Sono ancora
campionessa italiana!

Dopo il traguardo, con mio fratello Domy.

Happy Run 2011: il primo successo della mia onlus Disabili No Limits.

© Marcus Hartmann

Prima di Capodanno chiedo a papà di accompagnarmi a Castrovillari: voglio che i miei "angeli", le persone che mi hanno soccorso, possano gioire insieme a me, vedendomi in piedi, anche se con le stampelle. Ed è un'ottima occasione per vedere zio Mike, che è felice ancora una volta di accoglierci a Cosenza.

Entrare in ospedale mi toglie il respiro, ma sono pochi secondi: poi vengo travolta dall'incredulità di tutti gli infermieri e i medici che si sono presi cura di me.

Nel pomeriggio andiamo a Castrovillari, prima alla Stradale e all'Anas, per salutare i poliziotti e i ragazzi che erano di pattuglia quel 22 agosto. Ho un pensiero per Salvatore e per Gianfranco, che ricordo meglio di tutti, e uno per il dottor Gagliardi, il medico dell'elisoccorso cui devo la vita. Lo stupore è l'emozione dominante. Nessuno di loro può credere ai suoi occhi: mi hanno raccolto senza gambe in un lago di sangue sull'autostrada e ora sono lì davanti a loro, in piedi. Ciascuno mi dimostra il suo affetto, con un sorriso, un abbraccio, una stretta di mano.

Tornando a casa non posso evitare di riflettere con papà che sono stata davvero fortunata. Si parla spesso di mala sanità e di scarsa professionalità in Meridione, ma io sono la testimonianza vivente dell'eccellente lavoro non solo dell'équipe ospedaliera, ma anche di quella del primo soccorso.

Il cenone di Capodanno lo passo in famiglia, a casa degli zii Anna e Mimmo. Dopo cena verrà a prendermi Sacha.

Tra una portata e l'altra, con Sara e Alessia decidiamo di giocare alle imitazioni: vogliamo fare la parodia di Valeria Marini in una pubblicità. Filiamo in cucina a truccarci: Sara è la *make up artist*, Alessia la presentatrice e io la star, "Valeria". Dopo la presentazione le bimbe aprono la porta e io faccio il mio ingresso nel salone, ondeggiando. Sembra che sculetti per scimmiottare la Marini, in realtà non sto bene in equilibrio. Qualche passo e finalmente arrivo davanti a tutti, con una bocca rossa e grossa come un cocomero, e mi produco in un sensualissimo "Videochiamami!" che ci fa scoppiare tutti a ridere.

Mi guardo intorno ed è gioia: sono viva, sta per cominciare un nuovo anno, sono dove vorrei essere, con le persone che amo. E, meraviglia delle meraviglie, nonostante la paura, il dolore e l'insicurezza che comincia a serpeggiare sul futuro, ho ancora voglia di divertirmi.

Purtroppo Sacha, che aveva promesso di passare a prendermi per uscire insieme, dopo cena si addormenta profondamente sul divano. Ha lavorato tutto il giorno, e tutti i giorni prima: è stremato. In un altro momento questo non sarebbe stato poi così grave: era già successo che crollasse per la stanchezza mandando in fumo i nostri programmi, ma stavolta è diverso. Stavolta io sono diversa.

Mi arrabbio. Mi dà fastidio che non risponda alle mie chiamate. Evidentemente sono diventata meno tollerante. Per me questo è un momento difficile, e sto affrontando il dolore, la fatica, la scoperta della diversità senza di lui. Ho bisogno di più attenzioni da parte sua.

A rimediare pensano Fely, Katia e Manu, accorrendo con i rispettivi fidanzati e altri amici per un'entusiasmante nottata a casa mia all'insegna delle carte e della PlayStation.

Sacha telefona alle 5 del mattino, appena sveglio, scusandosi profondamente per l'accaduto.

La rabbia è un po' scemata, così gli dico: «Non fa niente», passo sopra a tutto e, ancora una volta, nascondo la testa sotto la sabbia. Fingo di essere la Giusy di sempre, con me e con lui, ma dentro sto cambiando. E forse qualcosa si è spezzato.

«Pancia in dentro, petto in fuori»

Il 2006 si presenta subito complicato. Ho davanti una vita nettamente diversa da quella che ho sempre immaginato, e non devo attendere per capirlo.

Il 16 gennaio devo tornare a Budrio, stavolta per un periodo più lungo: devo fare nuove protesi e imparare seriamente a camminare.

Con il passare dei giorni e dei mesi, i monconi cambiano di volume. Si sono assottigliati rapidamente e, più "dimagriscono", meno gli invasi vanno bene. Questi cambiamenti sono fisiologici, nel giro di un paio d'anni dovrebbero assestarsi, ma nel primo anno dal trauma le variazioni sono piuttosto significative. A gennaio, per stare comoda nelle invasature, devo aggiungere continuamente delle calze. Il moncone sinistro, quello più corto, si àncora poco e, senza ginocchiera, mi capita spesso di perdere la gamba. Qualche volta ho fatto degli scherzi a mia madre: un giorno, seduta sul divano nel salone di casa – lei era accanto a me, al computer – feci per accavallare la gamba ma la protesi si staccò, cadendo per terra. Mamma inizialmente si spaventò ma subito dopo scoppiò in una risata, dicendo che sarei potuta andare in TV a fare le candid camera.

Questa volta partiamo in due: io e mamma. Papà riprende a lavorare e mi promette di venire a trovarmi nei weekend; Domy è già a Milano, così decidiamo di atterrare lì per rimanere insieme fino al giorno del ricovero.

Quando torniamo al Centro gli animi sono decisamente più sereni della prima volta: sappiamo già cosa ci aspetta, o meglio, crediamo di sapere. Lucia ci assegna una stanzetta a due, decisamente piccola e senza il bagno interno. I bagni, doccia inclusa, sono in comune, in fondo al corridoio. I reparti sono due, donne e uomini, come gli ascensori. Peccato che i signori spesso e volentieri prendano quello delle donne, che, uscendo dalla doccia, si imbattono in loro, mentre transitano per tornare al reparto.

La previsione di ricovero è di cinquanta giorni: dopo aver rifatto le gambe dovrò imparare a camminare, e questa è la cosa che mi terrorizza di più.

Il programma giornaliero è serratissimo: sveglia alle 7.30, poi subito al primo piano, in palestra, dove alle 8 ci aspetta un'ora di ginnastica a corpo libero.

Ore 9: colazione, poi via in officina, per prendere le misure e provare i primi invasi.

Ore 12: pranzo.

Ore 13: ancora officina, per curare i dettagli. Creare un'invasatura che calzi perfettamente non è semplice, si tratta davvero di millimetri. Per capire se va bene o meno bisogna alzarsi e caricare il peso sulla protesi. Mi aiuto con le parallele, per evitare di cadere. Sistemati gli invasi, di nuovo in palestra, per l'addestramento, che prevede piccoli passi alle parallele.

La parola "addestramento" calza alla perfezione.

Tra i tanti fisioterapisti il destino mi fa lavorare con Matteo, un ragazzo giovane, forse della mia età, anche se la sua corporatura e la barba lo fanno sembrare più grande. Lì per lì mi sembra simpatico, ma giorno dopo giorno comincio a concepire un odio tutto speciale nei suoi confronti: Matteo, giustamente, pretende da me impegno indefesso e passi perfetti. Prima di farmi camminare fuori dalle parallele vuole accertarsi che sia in grado di stare in equilibrio e di appoggiare bene i piedi per terra. Non avendo sensibilità, non percependo il suolo, per me è difficilissimo eseguire i suoi ordini. Stare anche solo un attimo ferma, in piedi, tra le parallele senza appoggiarmi è molto faticoso. Sono debole, i muscoli sono ancora debilitati dai due mesi in ospedale, mi stanco subito. Il più delle volte passo i pomeriggi a fare solo due o tre passettini, poi mi tocca rimettermi seduta. Le sbarre mi ricordano il periodo in cui, da bambina, facevo danza classica. Sono rimasta molto snodata e nei momenti di riposo approfitto per fare stretching e allungarmi i muscoli, appoggiando la gamba alla parallela.

Alle 17, orario di chiusura della palestra, mamma viene a prendermi con la sedia a rotelle. Già! Perché durante l'addestramento non è consentito ai parenti di stare in palestra: ci sei solo tu, con i tuoi arti e il tuo fisioterapista.

Mamma passa il tempo parlando al telefono con parenti e amici che chiedono di me. Nei corridoi o durante qualche giretto di perlustrazione stringe nuove amicizie, si confronta con gli altri per capire che progressi potrò fare. Nel Centro per fortuna ci sono anche un bar e un parrucchiere che, su appuntamento, fa agli ospiti shampoo e piega.

Le mie giornate sono molto faticose, ma sono convinta che anche per lei non sia per niente facile: ore e ore senza nulla da fare, attendendo di trasportarmi da qualche parte in sedia a rotelle o di aiutarmi a fare la doccia, in preda all'ansia, in un posto che sicuramente non è un villaggio vacanze. Per fortuna adora lavorare ai ferri e all'uncinetto. È bravissima e qualche volta, mentre io faccio addestramento, si dedica a un regalo bellissimo: una sciarpa lilla, uno dei miei colori preferiti.

Alle 17.30, distrutta, doccia con l'aiuto di mamma e, alle 18, scappo al piano terra, per seguire la messa di padre Giancarlo.

Padre Giancarlo: un punto di riferimento, un campione di disponibilità e sorrisi, un sacerdote diverso da tutti quelli che ho visto, pacato, fraterno, per nulla noioso. All'entrata della cappella lascia un librone, a disposizione di chiunque voglia scrivere un pensiero, un ringraziamento, un saluto, uno sfogo: li leggerà durante la messa. Prima di iniziare si avvicina e, a turno, chiede a tutti per chi vogliamo pregare quel giorno, o a chi dedicare la messa. Al momento del segno di pace scende dall'altare e passa tra i banchi a dare il cinque a ciascuno di noi, sempre. Adora cantare e sceglie brani coinvolgenti, poco "istituzionali". Tanto mi appassionano le sue parole, le sue prediche, i suoi canti, che quando si giunge al termine sono quasi dispiaciuta.

Alle 19 si cena e alle 20 corro di nuovo in cappella per recitare il rosario insieme agli altri. Spesso siamo pochi, per lo più anziani o adulti. Mi colpisce l'assidua presenza di un ragazzo della mia età cui mancano una gamba intera e parte dell'anca. Rosario, così si chiama, mi spiega che ha avuto un incidente sul lavoro. Mi parla spesso di Lourdes e del suo impegno con l'Unitalsi. Anche lui è lì per imparare a camminare. Anche lui ha avuto l'incidente da poco. Tra una messa e l'altra diventiamo amici. Simpatico e brillante, trova sempre il modo di farmi ridere e io, in quel momento, ne ho davvero bisogno.

Mamma non viene sempre con me, o meglio: mi sta sempre attaccata tranne che in chiesa, dove entra di tanto in tanto.

La sera la maggior parte degli ospiti vaga per i corridoi in cerca di qualcosa da fare o qualcuno con cui scambiare due parole. Gli altri sono intenti nelle attività organizzate da Giulia, l'animatrice, che pur di farci compagnia si inventa di tutto, dalle carte alle freccette, o da Marco e Cristina, che il lunedì e il martedì gestiscono un laboratorio musicale. Cantano e ci fanno cantare. Io non amo tanto stare lì ma la mamma si diverte, così la accompagno, nella speranza che riesca a svagarsi un po'.

Le presento Rosario e Filippo, anche lui senza una gamba a causa di un incidente. Diventiamo una specie di squadra, pranzo e cena sempre insieme, cosa che alleggerisce le inevitabili tensioni tra me e mia madre, assolutamente non abituate a passare così tanto tempo insieme. Per noi è tutto nuovo e credo che lei a volte faccia fatica a prendere contatto con la mia nuova situazione.

Un giorno, dopo l'addestramento in palestra, scopro l'esistenza di un laboratorio di scultura. Entro e trovo Irene, viso simpatico e insegnante esigente. In breve diventiamo amiche: Irene mi insegna un sacco di cose sulla creta. La mia prima opera è un posacenere, che decoro con i colori e regalo a mia madre. Mi piace talmente tanto stare lì che a volte salto persino la messa pur di rimanere.

Tempo un paio di settimane e l'addestramento è un'altra musica. Certo, la voce di Matteo rimbomba nelle mie orecchie anche di notte: "Passi piccoli! Spalle aperte! Pancia in dentro e petto in fuori! Tacco, pianta, punta! Non guardare a terra!", ma l'odio iniziale lascia spazio a un sentimento di gratitudine perché, ebbene sì, sto imparando a camminare velocemente. In un qualche strano modo diventiamo amici: ride con me e, quando vincono la rabbia e lo sconforto, quando penso di non farcela, tira fuori il suo animo buono e mi incoraggia spiegandomi che è impossibile che non ce la faccia, basta un po' di pazienza. Pazienza non ne ho, mai avuta. Men che meno in questa situazione. È durissima perché la mia testa vuole già camminare come prima, il mio schema motorio non l'ho dimenticato. Purtroppo però il mio corpo non risponde come vorrei. La testa viaggia alla velocità della luce, il corpo a quella di una lumaca.

Un giorno, finalmente, Matteo decide di farmi uscire dalle parallele. Non mi sembra vero! Spavalda, muovo un paio di passi, pensando che se mi ha fatto uscire ormai ci sarò... L'equilibrio vacilla, ma reggo. In compenso mi trovo a ondeggiare, temo di cadere ma non succede. Mi fermo e Matteo e gli altri fisioterapisti mi dicono che sto imparando a camminare bene per essere amputata a due arti e, soprattutto, da così poco tempo.

Divento amica di Teodora, detta "Teo", un'altra fisioterapista molto presente in quei giorni. Quando viene a salutarmi con il magone in volto, dicendomi che avrebbe dovuto affrontare un intervento chirurgico, «è solo un piccolo problemino», non chiedo ma mi viene spontaneo togliermi dal collo un rosario che indosso spesso, bianco con i cuoricini. Lei non vuole accettare, sa quanto io ci tenga, ma io insisto e, per convincerla, le dico che si tratta solo di un prestito: «Sono certa che l'operazione andrà bene e, al tuo ritorno, me lo restituirai».

Tra gli amici che vengono a trovarmi c'è Luca: un bel marcantonio, steward come Antonello, caro amico grazie al quale l'ho conosciuto. Per ovvie ragioni i due erano spesso in viaggio, come me, e le volte che facevano scalo a Milano capitava di trovarci e di uscire tutti insieme. Luca è di Bologna e, quando è a casa, non perde occasione per passare a trovarmi. La cosa mi colpisce molto: in fondo ci conosciamo poco... Ma la realtà è che in quei giorni ho scoperto persone incredibili che nemmeno sospettavo di avere accanto. A volte mi porta dei DVD, «così ti passi il tempo», a volte mi accompagna per una breve passeggiata, e poi è curioso. Tanto curioso di sapere come sono fatte queste protesi. Passiamo un sacco di tempo a chiacchierare e a escogitare metodi perché possa stare meglio in piedi. Insomma, passa anche solo per farmi compagnia. Lì, per me, in quel posto noioso.

Un giorno mi stupisce con una sorpresa. Ormai conosce i ritmi delle mie giornate e gli orari dell'addestramento. Mentre sono tra le parallele a cercare di non perdere l'equilibrio il fisioterapista mi dice che, se voglio, posso uscire prima perché ho visite. Intravedo sulla porta prima la faccia di Luca e, subito dopo, un bel mazzo di fiori. Dietro i fiori c'è Antonello. Mi scappa un sorriso da orecchio a orecchio: siamo amici da anni ma ci vediamo pochissimo, visto che viviamo in città diverse. Trovare il tempo per fare tutta quella strada e presentarsi lì è una dimostrazione d'affetto che apprezzo molto.

Le protesi di prova non sono belle da vedere: il tubo in titanio è a vista e l'invasatura tutta fasciata con dello scotch. Temo che Antonello si impressioni, ma lui mi sorride per farmi capire che è tutto ok. Credo che Luca lo abbia preparato. Con l'aiuto della sedia a rotelle andiamo al bar del

Centro e, lì, accenno qualche passo per fargli vedere come sto diventando brava.

In camera, dopo una giornata così diversa e divertente, le infermiere mi chiedono se i fiori me li ha portati il mio fidanzato. Mi intristisco: per i corridoi di Budrio passano vagonate di miei amici, curiosi di vedere la nuova realtà che fa parte della mia vita, tranne lui.

La sera, come tutte le sere, racconto a Sacha della mia giornata e gli chiedo quando verrà a trovarmi. Gli racconto che ormai è l'uomo del mistero: a ogni visita di qualche amico, di Luca come di Fabrizio o persino di mio fratello, i fisioterapisti, curiosi di conoscerlo, mi chiedono: «È lui Sacha?».

Lui ride e mi ripete ancora una volta che il lavoro non lo aiuta a liberarsi e che, appena potrà, verrà da me.

Poco tempo dopo scopro per caso che una domenica è andato a Roma per fare degli ordini di campionario. Rimango stupita da questa notizia, brandisco il telefono e lo chiamo: «Avresti potuto proseguire per Bologna e poi ripartire da qui!». Mi sento abbandonata e la cosa mi fa inferocire. Prima non mi era mai successo.

Il nostro rapporto sta cambiando, io sto cambiando. Tutto ciò che mi andava bene prima adesso non è detto che possa tollerarlo. Sono sempre stata una donna forte e indipendente e questo ha fatto credere a tutti che io non avessi bisogno mai di nessuno. Ora, però, è diverso. Adesso sono in un Centro protesi, adesso sono senza due gambe, su una sedia a rotelle, e non so dove potrò arrivare e in quanto tempo. Ho bisogno di lui, ma forse sono troppo concentrata a sembrare la Giusy di prima e non riesco a farglielo capire.

Dopo quasi un mese Matteo decide di farmi affrontare una piccola discesa.

Io non mi sento per niente pronta. Temo di cadere. Ho imparato a stare in equilibrio e a camminare, ma sul parquet: non ho mai affrontato dislivelli! La discesa non la voglio fare e glielo dico. Lui prova a insistere: «Guardala, è solo una piccola pedana». In effetti è così, non è nemmeno particolarmente inclinata, basterebbe davvero poco ma io, lì per lì, sono così terrorizzata dalla possibilità di cadere che avverto persino le vertigini.

Dopo una discussione feroce, pianti e strepiti, Matteo mi obbliga a scendere. È un tormento: non ce la faccio, mi sembra di essere su un cornicione al decimo piano, non riesco ad appoggiare il piede come mi dice lui. Mollo. Matteo mi dice che là fuori la strada non sarà sempre piana: incontrerò ostacoli, fosse, salite, discese, scale. Imparare a camminare significa fare anche quello.

La sera, sconsolata, incontro Orazio, un signore siciliano sulla sessantina, con i capelli brizzolati e una protesi alla gamba destra. Era presente durante la mia litigata con Matteo e cerca di tranquillizzarmi: «Sei brava, ce la farai benissimo». Mi prende per mano e mi porta vicino a una rampa di scale, per farmi vedere come sale e scende, poi, con un sorriso, mi dice: «È vero che io ho sessant'anni e me ne manca una sola, ma se ci riesco io puoi riuscirci anche tu!».

Orazio è un grande stimolo: il giorno dopo arrivo in palestra con una carica mai sentita prima, vado da Matteo e gli chiedo subito di riprovarci. Lui mi spiega bene come appoggiare il piede: non muovendo la caviglia, il segreto per affrontare i dislivelli è proprio l'appoggio. Tenendomi alla sua mano riesco a percorrere la pedana, davanti al sorriso di mia madre, con permesso d'entrata speciale per l'occasione.

Il 14 febbraio, San Valentino, lo passo a sperare che Sacha mi faccia una sorpresa. Sono praticamente certa che non arriverà, visto che è un giorno lavorativo, ma non posso evitare di illudermi. A fine giornata, mi recapitano un mazzo di fiori. Un bellissimo fascio con un bigliettino in cui lui esterna tutto il suo amore per me. Mi fa piacere riceverli, meglio che niente, ma dentro di me so che non è abbastanza.

Dopo averli tenuti due giorni sul comodino li porto in chiesa dalla Madonnina e mi fermo lì con lei, a pregare. Tanto. Le chiedo consiglio. Devo trovare la forza di prendere una decisione. Sono consapevole che le cose non cambieranno: Sacha è così, ha conosciuto troppo a lungo la vecchia Giusy per accettare in sei mesi di avere di fianco un'altra persona. Io, però, ho davanti agli occhi la storia dei miei genitori, separati da quando ho tredici anni: lì, in cappella, prometto a me stessa che mai accetterò di sposare una persona della quale non sono sicura di essere completamente innamorata.

I giorni seguenti, al Centro arriva gente nuova. Al nostro gruppo si unisce Thomas, un bel ragazzo di colore che ha perso la gamba qualche anno prima di me. Thomas fa ridere, è simpatico, e rallegra pranzi e cene con i suoi racconti e le sue battute. Anche mamma lo apprezza.

Quando passi così tanto tempo chiusa in un posto si crea una sorta di seconda famiglia. Con alcune persone si va più d'accordo, con altre meno. Io cerco di stare accanto a gente propositiva, e i miei nuovi amici lo sono.

Una sera, mentre giochiamo a carte, Filippo arriva insieme a un amico che vuole presentarci, Antonio. Lui mi riconosce subito, e anche mamma lo identifica immediatamente. A me ci vuole qualche attimo, poi lo collego al ragazzo discreto, riservato, silenzioso e, all'apparenza, un po' altezzoso che, mesi prima, scambiai per un accompagnatore. È tornato per delle modifiche all'invaso e si fermerà una settimana. Durante la quale scopro una persona simpatica e divertente, l'opposto della mia prima impressione. Antonio si unisce al nostro gruppetto e, nei giorni a seguire, fa amicizia anche con Rosario. Mentre imparo a fare le scale con Matteo, li incontro spesso in corridoio insieme.

Un giorno Antonio mi porta nel reparto Day hospital. Essendo io ricoverata, non avevo modo di frequentare quella palestra, ma lui ci tiene a presentarmi due fisioterapisti di cui si fida molto, Claudio Panizzi e Roberto Scialanca, detto "Scialla". Claudio è uno di quelli che con un'occhiata capisce subito cosa correggere della protesi. Sa il fatto suo e mi accompagna alle scale per insegnarmi un trucchetto per affrontare meglio i gradini. Scialla, grande amico di Matteo, si mostra molto disponibile anche se non faccio parte del suo reparto. Mi dà un'occhiata e qualche consiglio. I giorni seguenti mi capita di incontrarli in corridoio e sono felice di sentire che vedono in me grandi progressi.

Durante quella settimana Antonio e io ci vediamo spesso, al bar, a pranzo e cena con gli altri. Quando mi sento abbastanza in confidenza gli chiedo cosa gli sia capitato: tutti parlano con una certa disinvoltura del proprio caso, mentre lui – forse perché è molto discreto, forse perché non ama affrontare l'argomento – non dice mai nulla. Mi racconta solo che vari anni prima era nei campi con il padre, quando la sua gamba fu tranciata dalla motozappa sulla quale si trovava. Qualcosa di cui chiacchiera volentieri, invece, è il mondo della disabilità: rimango esterrefatta dalla quantità di informazioni che conosce in materia di diritti dei disabili e dal fatto che presieda una ONLUS. Io non ho idea di cosa sia la legge 104, per fare un esempio, lui invece sa ogni cosa. Mi vede talmente interessata all'argomento che mi lascia la sua e-mail, così potrò contattarlo per sapere qualcosa sulle leggi che tutelano i disabili.

Dopo qualche tempo rimango da sola: prima Antonio, poi Rosario e, subito dopo, Filippo vengono dimessi. Poco per volta tutti tornano a casa, a me ormai manca poco ma la solitudine pesa quanto la fatica degli ultimi giorni.

Tra tutti è Rosario la persona alla quale mi sono legata di più perché, oltre al percorso di recupero, condividiamo anche la fede. Prima che partisse, però, ci siamo fatti una promessa: ci rivedremo in settembre a Lourdes. Lui ci va tutti gli anni come barelliere per l'Unitalsi, io non ci sono mai stata ma già in ospedale avevo promesso che, se fossi tornata a camminare, sarei andata a Lourdes per ringraziare. Ora devo imparare a camminare anche per mantenere questa promessa.

Mamma cerca di starmi vicina come può, soprattutto quando si avvicina il 22 del mese. Padre Giancarlo mi ha incoraggiata a trasformare il "complimese" del mio incidente in una sorta di rito: ogni 22 vado in chiesa e rivolgo una preghiera speciale alla Madonna, per ringraziarla di avermi salvata. Ripensarci mi fa ancora stare malissimo, continuo ad avere incubi e visioni di notte, ma stare in cappella, parlare con padre Giancarlo e recitare il rosario mi aiuta a ritrovare un equilibrio.

Ai primi di marzo Matteo decide di portarmi a camminare fuori. Fa ancora freddo, la nebbia padana non accenna a scomparire, ma io sono costantemente accaldata per lo sforzo. Nel parco, con l'aiuto di un bastone di plastica, pieghevole, affronto salite e discese, e persino il terreno accidentatissimo vicino alle radici degli alberi. Mia madre ci segue con felpe, piumini e cappelli, terrorizzata dal fatto che possa ammalarmi.

Prima di spedirmi a casa l'officina mi prepara due gambe con una forma carina. La cosa mi fa sorridere, ma d'altra parte so che quelle gambe non le mostrerò mai, rimarranno sempre nascoste dai pantaloni.

Contribuisce a curarmi dalla malinconia il responsabile della palestra, che mi chiama in disparte per farmi i complimenti e per dirmi che, nonostante io abbia una doppia amputazione, ho un ottimo equilibrio. Mi muovo bene, accenno passi di danza, gioco a fare la verticale... Mi propone di registrare un video rivolto alle università e agli studenti, nel quale si mostra cosa si può fare grazie alla scienza e alla tecnologia. Nel video devo far vedere il livello di padronanza delle protesi che ho raggiunto. Ovviamente accetto con entusiasmo.

La sera prima delle dimissioni Matteo e Scialla mi fanno davvero un bel regalo: per festeggiare i miei progressi mi portano fuori a cena in un ristorante di Budrio. Solo io e loro due. Mi preoccupo di lasciare mamma da sola, lei invece è felice di questa iniziativa, rimarrà al Centro a giocare a burraco. Due secondi dopo questa rassicurazione mi trasformo in una bimba al suo primo appuntamento: è la mia prima uscita "da sola", senza mamma e papà, dal giorno dell'incidente. Mi preparo con la massima cura, jeans, golfino e, ovviamente, il mio nuovo compagno di viaggio: il bastone. Passiamo una bella serata a ridere e scherzare e io sono felice: in quel momento, finalmente, mi convinco che, con il tempo, lo sforzo e tanta pazienza, potrò davvero raggiungere un buon livello di autonomia, nonostante tutto.

Voglia di normalità

Potrebbe sembrare quasi finita, ma non è così.

Durante gli ultimi giorni a Budrio il dottor Nicita e Matteo mi hanno fatto il lavaggio del cervello sull'importanza della riabilitazione, e hanno ragione: se voglio camminare meglio devo avere i muscoli forti, recuperare il tono muscolare perso durante la degenza in ospedale, e per riprendere tono muscolare devo fare palestra e andare in piscina. Visto che sono un'amputata bilaterale, curando lo sviluppo di determinate fasce di muscoli posso facilitarmi la vita.

Non me lo faccio dire due volte. Rapido consulto con genitori ed esperti e decidiamo che il posto giusto è a Cannitello, vicino a Reggio: c'è un Centro molto conosciuto del quale mi parlano bene e dove lavorano fisioterapisti davvero competenti. Come un sacco di altre cose, prima di averne bisogno non sapevo nemmeno che esistesse, ma una volta scoperto vado a visitarlo con papà. Spieghiamo la situazione al direttore, il dottor Cellini, che ci fa fare un giro: la piscina è enorme e uno dei fisioterapisti mi dà la sua disponibilità a entrare in acqua con me, per insegnarmi a ritrovare i miei equilibri.

Odio la piscina. Dover dipendere da una sedia a ruote per fare la doccia prima e dopo mi irrita al solo pensiero. Ma la vita ha voluto così e io non ho molta scelta.

Così ci vado. La prima volta entro in acqua e scoppio a

piangere. Guardo il fondo della piscina: attraverso l'acqua posso intravedere le gambe e i piedi del fisioterapista, ma non le mie gambe, non i miei piedi. È uno choc: ovviamente so di non avere le gambe, ma banalmente in acqua non tocco, non riesco nemmeno a stare in equilibrio, il mio corpo comincia a ruotare e non riesco a fermarmi da sola. Non ho il controllo, cosa che, invece, sulla terra, ho più o meno recuperato. Mi sembra di dover imparare tutto da capo. La persona in acqua con me mi conquista con una gentilezza e una pazienza incredibili. Capisce il mio imbarazzo, mi dà un salvagente e mi aiuta, lentamente, nel rispetto dei miei tempi, a prendere confidenza con l'acqua. Mi tranquillizzo e assaporo le sensazioni nuove: l'abbraccio familiare dell'acqua, il suo passaggio (fastidioso) sulle cicatrici, la leggerezza dello stare a galla. Piano piano si fa strada l'emozione, la convinzione che, se ho imparato a camminare, imparerò anche a nuotare, e voglio condividerle con Sacha e tutti gli altri.

Vado al Centro tutti i giorni, dalle 14 alle 16, orario tattico perché possono accompagnarmi in tanti: papà se non è in giro per lavoro, mamma, Felicetta, Katia e, a volte, anche mio cugino Nunzio. Un giorno chiedo a Sacha di venire a vedermi, ma lui inventa una scusa, la prima di tante. Il negozio è chiuso a quell'ora e non riesco a capire perché sostenga di non poter venire, eppure è così. È così per due mesi, quelli durante i quali frequento il Centro: Sacha non viene neanche una volta insieme a me.

In Calabria marzo è un mese straordinario: la primavera sta per esplodere, l'estate è dietro l'angolo, e io miglioro a vista d'occhio. Non solo in acqua, ma anche sulla terra. Faccio sempre meno fatica a trovare l'equilibrio, anche se spesso devo appoggiarmi al bastone.

Zio Santo, oltre a chiamare tutti i giorni per sapere le novità, durante i weekend viene a trovarmi da Taormina. Quando vede il bastone di plastica che mi hanno dato all'Inail lo trova orrendo, così un giorno si presenta con un bastone di gran classe, di legno, sormontato da un pomo d'argento a forma di testa d'aquila: non poteva farmi un regalo più gradito e più utile, visto che lo utilizzo per diverso tempo e tuttora, quando ho difficoltà e dolori, lo tiro fuori con grande piacere.

A smorzarmi l'entusiasmo arriva una bella infiammazione alla rotula, che brucia e fa un male cane, impedendomi di continuare il mio percorso. Muovere un passo sembra impossibile, così come entrare in acqua. Non riesco nemmeno a stare in piedi. Forse ho un po' esagerato. Al Centro di Cannitello mi sottopongono a qualche seduta di tecar, una terapia con un macchinario a mio avviso miracoloso per combattere le infiammazioni. Quella settimana è il turno di Felicetta, che mi accompagna tutti i giorni: spesso rimane lì tutto il tempo della terapia e poi mi riaccompagna; altre volte mi lascia lì e altri vengono a riprendermi. Un giorno, per caso, proviamo una nuova strada e ci imbattiamo in un gregge di pecore scappato al pastore, che circonda tutta l'auto! Rimaniamo lì inchiodate per non so quanto, a ridere come pazze e senza sapere come uscirne. Chissà come mai, io e lei ci siamo trovate spesso in situazioni bizzarre.

Vedendo i miei progressi, una sera le ragazze mi propongono di andare a una festa tutte insieme, come ai vecchi tempi. Mamma non è d'accordo, ma io ho tanto di quel bisogno di tornare a fare qualcosa che non mi faccia sentire invalida che accetto. Lì per lì mi esalto all'idea di andare a ballare, subito dopo però mi scontro con la prima difficoltà: l'armadio. Cosa mi metto? Se avessi avuto le mie gambe avrei certamente scelto un vestitino, o dei jeans stretti e i tacchi. Provo a indossare un vecchio paio di pantaloni neri larghi, un top e un paio di ballerine. Ma con le ballerine non so ancora camminare, perdo stabilità. D'altra parte non posso andare con le scarpe da ginnastica! Dopo lunghe ricerche scovo un paio di vecchie Hogan nere: un buon compromesso tra stabilità e anonimato.

Quando le vedo arrivare, Katia, Fely e Manu, mi viene il magone: loro sono gasate, bellissime, truccate, vestite bene, con i tacchi. Io mi sento orrenda, infagottata e bassa ma non voglio funestare la serata, così indosso il più bello dei miei sorrisi e, fingendo di stare bene, mi accodo al gruppo.

Nel locale incontriamo tanti amici che si meravigliano di vedermi lì, e ancor di più di vedermi in piedi. Stringo mani, ricevo baci e complimenti. La musica è fantastica. Sono scatenatissima e vorrei buttarmi in pista per ballare, ma non è più come prima: devo continuamente appoggiarmi a qualcosa o a qualcuno. Ho sempre adorato ballare e voglio muovermi ma non ci riesco, non come vorrei, non come facevo. Mi sento ingessata. Ogni cosa, ogni movimento mancato, ogni esigenza nuova, ogni bisogno che prima non avevo mi ricorda che nulla sarà più come prima.

Torno a casa avvilita. Sono stanca per lo sforzo di stare fuori così tante ore, al quale non sono più abituata, ma non riesco a dormire perché, per la prima volta, mi sento davvero impotente.

Per fortuna il giorno dopo viene a prendermi mia cugina Daniela. Ogni domenica andiamo insieme a messa. Da bambina giocavo quasi ogni giorno con suo fratello Vittorio, mio coetaneo, lei ci vegliava dall'alto dei suoi tre anni in più. Adesso, da adulte, siamo come sorelle. Daniela è presente e affettuosa, mi fa sentire importante e amata. Spesso passa a pranzo solo per due chiacchiere e per farmi un po' di compagnia. Anche lei sta vivendo un momento non bello e stare insieme ci rafforza a vicenda.

La sua presenza, come quella di innumerevoli altri, mi dà una carica, un entusiasmo, una forza incredibili. Sì, ho perso due gambe, ma ho scoperto persone eccezionali lì, a un passo da me.

Nei momenti duri, quando bisogna affrontare esperienze impegnative, i rapporti sono messi seriamente alla prova. Il dolore unisce o divide. Mi ha unito a mia madre e mio padre, ha unito loro due, ma mi ha diviso da Sacha.

La nostra storia è in caduta libera, cerco di parlargli spesso ma mi sembra che non voglia capire, o forse sono io a non riuscire a spiegarmi. Di certo c'è che non siamo più in grado di comunicare come una volta, quando bastava uno sguardo. Mi accusa di rinfacciargli di non essere mai venuto a Budrio, come se quello non fosse un passaggio fondamentale. Il punto è che per me lo è, mentre per lui no. Discutiamo, litighiamo, cerchiamo di fare pace, poi ricominciamo da capo. Non mi sento a mio agio, lui nemmeno, e sono un po' stufa.

Passo giorni interi a chiedermi: "Ma ha senso che due persone che dicono di amarsi e che vorrebbero passare la vita insieme guardino in direzioni opposte?".

Ne parlo con mia madre, ma nemmeno lei mi sostiene. Teme che il mio sia un colpo di testa. Forse ha paura che, senza due gambe, lasciando Sacha non troverò più un uomo che mi voglia sposare. Ma a me, in quel momento, non importa. Che rimanga pure zitella a vita! Io non voglio accanto un uomo purché sia. Io voglio un uomo che mi comprenda, che mi sostenga, che ci sia nel momento del bisogno. Sacha dice di esserci, ma nei fatti non è lì, con me, mentre io cerco di ritrovare i miei equilibri – non solo quelli fisici – mentre provo a capire che persona sto diventando.

Mi dà molta sicurezza economica e materiale, ma poca sicurezza affettiva e mentale. Come posso sposare una persona che non mi ama come io vorrei essere amata? Che forse nemmeno io amo più? Non mi sento di rischiare di far soffrire i miei ipotetici figli come io ho sofferto per la separazione dei miei. Blocco l'arringa di mia madre sul nascere dicendole che la scelta è mia, che non voglio intromissioni. Sono senza due gambe, vero, ma ho ancora una testa e un cuore integri, e non permetterò a nessuno di scalfirli. Se incontrerò qualcuno che mi accetterà per come sono adesso, senza due gambe, bene. Se non dovessi trovare nessuno, sarò felice lo stesso. Ma non posso costruire il mio equilibrio su Sacha. Devo costruirlo solo su me stessa.

Per Pasqua stacchiamo andando a trovare zio Santo e zia Patty a Taormina. Casa loro mi rilassa, mio zio mi rilassa, ma soprattutto stare lontana dal mio contesto familiare mi aiuta a riflettere. Parlo spesso anche con gli zii dei miei dubbi sul futuro e delle mie paure. Loro, con grande affetto e intelligenza, mi ricordano di godermi il presente come un grande dono.

A maggio dovrò ritornare a Budrio, per fare le protesi da bagno. Le chiamano così perché sono studiate *ad hoc* per entrare in acqua, quindi servono per fare la doccia in piedi ma anche per andare al mare.

So bene che il mio rapporto con Budrio è destinato a non interrompersi così presto a causa delle variazioni di volume dei monconi. Per almeno due anni, a brevi intervalli, dovrò andare a cambiare le invasature. E, comunque, bene o male lo frequenterò per tutta la vita.

Chiedo a mia madre di non venire: non posso andare sempre accompagnata da lei. È un contesto protetto, sicuro, e io devo imparare a cavarmela da sola. Ormai sono passati dieci mesi dall'incidente e voglio che lei ricominci a lavorare, che tutto torni il più possibile alla normalità. Il mio obiettivo è tornare forte, imparare a fare più cose possibili in autonomia e, con lei sempre accanto, sarebbe impossibile.

Lei accetta la mia decisione, ma è preoccupata. La capisco, lo sono anch'io: mi mancherà moltissimo e nemmeno sono sicura di farcela, ma ho bisogno di provare, di dimostrare a me stessa che posso riuscirci. Ho ventotto anni e non vorrei dover dipendere da qualcuno per il resto della vita. È il momento di provare.

Gambe da mare

Abituata com'ero alla stanzetta per due, io e la mamma, dover affrontare la camerata da sei è uno choc. Starò lì un mese: la prospettiva non è rosea. Mi risolvo a sperare di incontrare qualcuno di giovane con cui legare e vado alla ricerca di volti noti.

In officina individuo Gabriele e Andrew, i tecnici che mi seguono dalla prima volta: sono impegnati con altri utenti, ma sempre presenti. Mi sento già meglio: Gabriele è ormai un amico, sicuramente un punto di riferimento. Continua a prendere i gessi e conosce già i miei monconi. Vederlo mi regala un sospiro di sollievo: sono sola, ma non del tutto.

La sera la passo con Domy, che mi ha accompagnato. Dopo cena insisto per portarlo al piano superiore, a vedere i siliconi. Ci sono già stata con mamma, ma lui non li ha mai visti. L'impressione iniziale rimane molto forte: lungo tutto il corridoio, una vetrina mette in mostra le varie "opere", cioè mani, dita, occhi, piedi, seni, maschere per il viso (da applicare in caso di ustioni), persino parrucchini. Insomma, ti rimettono a nuovo. Qualche battuta sui film di Dario Argento che vedevamo da bambini e ci facciamo una risata pensando a come far fare le mie nuove gambe: magari abbronzate e con il french.

La mattina dopo alle 8 vengo convocata nel reparto amputati transtibiali, per cominciare il percorso di rifacimento degli invasi. Ormai mi sono impratichita e, quando i tecnici mi sottopongono le prove, comincio a capire i punti esatti dove c'è qualcosa che non va e mi fa male. Questa volta lavoro con Leo, genio dell'allineamento: come lo azzecca lui, nessuno.

Non è facile prenderci, con gli invasi. Si tratta davvero di millimetri e, se non sei bravo a capire quali sono i punti dolorosi e quali i punti di appoggio, si rischia di passare in officina un tempo infinito, ma soprattutto di non poter camminare mai bene. È chiaro che un po' di dolore si sente, e va sopportato. Del resto si tratta di arti finti, non sono mica scarpe. L'importante è che la pelle non si rompa e che non si formino vescichette, altrimenti bisogna fermarsi.

La cosa più bella di Budrio sono le persone. Incontro Walter, detto "Walterino", e il suo amico Claudio, detto "Claudiano". Entrambi di Roma, sulla quarantina e amici da tanto tempo. Riconosco Walter per averlo visto la prima volta che sono stata lì: l'animatrice aveva organizzato una sera a teatro e del gruppo faceva parte anche lui, che aveva fatto ridere alla grande me e mio padre, rendendo tutto più colorato. Per qualche istante non c'era nemmeno sembrato che io fossi ricoverata in un Centro simile. Walter è amputato a un piede e frequenta spesso il mio reparto. Claudio invece è amputato alla coscia, quindi il suo reparto è il transfermorale. Sono due sportivi, entrambi nuotatori, Walter per passatempo, Claudio come agonista. Ha partecipato a numerosi campionati italiani di nuoto paralimpico, vincendo anche medaglie importanti.

Il destino vuole anche che Antonio torni a Budrio proprio in quei giorni. Vedersi lì tre volte su tre: se ci fossimo messi d'accordo non ci saremmo riusciti. Questa volta il ghiaccio è già sciolto: tutte le mattine facciamo colazione insieme, Antonio mi accompagna in palestra e nel parco insieme a Matteo, il fisioterapista, quando mi esercito su terreni accidentati. Sta nelle vicinanze, osserva, mi incoraggia, si complimenta per come imparo velocemente. Mi ha vista a novembre in sedia a rotelle, poi a febbraio, durante il primo addestramento: ha tutti gli elementi per valutare i miei progressi. Io faccio fatica a rendermene conto, mi sento perennemente ingessata.

Un giorno, dopo pranzo, Antonio mi presenta un suo amico, Simone. Anche lui ha avuto un incidente sul lavoro ed è amputato a una gamba sopra il ginocchio. È lì per imparare a camminare con il ginocchio elettronico.

Bastano due giorni perché diventiamo un trio inseparabile: sediamo allo stesso tavolo in mensa e, visto che Simone ha la macchina, la sera chiediamo il permesso per uscire e andiamo al pub in centro a Budrio. Qualche volta riusciamo persino ad andare a cena a Bologna con altri ragazzi, a condizione che rientriamo prima di mezzanotte.

Aria! Uscire da lì è un regalo che cerchiamo di goderci il più spesso possibile. Per me è una grande palestra: è l'occasione per camminare fuori, su terreni dissestati, entrare nei locali, sperimentarmi in contesti reali. Dopo qualche tempo prendo sicurezza e inizio a lasciare in camera il bastone. Questa scelta mi costringe a sedermi spesso, stare troppo in piedi mi procura dolore e ferite, ma la soddisfazione è impagabile.

Nei weekend il Centro si svuota, chi può torna a casa. Io vado a Milano, di solito Domy viene a prendermi per riaccompagnarmi il lunedì mattina.

Purtroppo, per lavoro, non riesce proprio il weekend del mio compleanno, il 20 maggio, che cade di sabato. A Milano, però, voglio andare assolutamente: vengono a trovarmi Sacha e Fely, con il suo fidanzato. Non mi pare vero di poter festeggiare tutti insieme! Mi piacerebbe che Sacha venisse a Bologna a prendermi, per poi andare a Milano insieme: vorrei fargli conoscere i miei nuovi amici, fargli vedere il posto dove costruiscono le mie nuove gambe e mi insegnano a camminare ma lui adduce qualche scusa ed evita ancora una volta di venire a Budrio. Risultato: mi tocca prendere un treno. Da sola.

Il sabato mattina, mentre mi affanno a capire cosa mi serve e come portarmelo dietro, e a cercare il numero dei radio-taxi, Antonio si offre di accompagnarmi alla stazione. La sua settimana lì è terminata, ha noleggiato un'auto con la quale partirà il pomeriggio. Mi schermisco: «No, dài, per te è solo strada in più, dovresti attraversare Bologna e ci vuole un sacco di tempo...», finché lui mi azzittisce dicendo: «Per me è solo un piacere accompagnarti». Ok. Grazie.

In macchina chiacchieriamo un po'. Cerco di non sembrare la corda di violino che sono tutte le volte che salgo in auto, e parlare mi distrae. Antonio nota la mia malinconia e mi chiede come mai non sono felice: del resto, è il mio compleanno e sto andando a Milano a incontrare, oltre che mio fratello, la mia migliore amica e il mio ragazzo – tutte cose che dovrebbero allietarmi. Invece no, sono tristissima perché la verità è che sono cambiata e non sento più quel forte legame che credevo ci fosse tra noi. Continuo a ripetermi che sì, non ha potuto prendersi il venerdì libero, atterrare a Milano è più comodo che atterrare a Bologna, noleggiare una macchina, venire a Budrio e stare lì una notte... Tutto vero, ma io? Bologna-Milano centrale in Frecciarossa è il mio primo viaggio da sola e ho paura. E se ho bisogno d'aiuto? E se i gradini sono troppo alti e non riesco a salire? E se mi alzo e cado per il movimento del treno?

Glisso con Antonio, dando poche e lacunose spiegazioni. Lui capisce ed evita ogni commento. In stazione mi offre un caffè e mi abbraccia come se ci conoscessimo da sempre. Mi carica il bagaglio sul treno e mi accompagna fino al mio posto, per assicurarsi che io sia comoda e non abbia bisogno di niente. La delicatezza dei suoi gesti mi colpisce molto e mi fa apprezzare quel giovane così discreto e solitario che, qualche mese prima, nemmeno degnavo di uno sguardo.

In Centrale trovo Domy e il resto della compagnia. Vederli lì, in tre, da Reggio per festeggiarmi mi lusinga e mi convinco che la serata possa prendere un'altra piega.

Credevo che quella sera io e Sacha avremmo dormito a casa mia: tanti anni a Milano e non lo aveva mai fatto, mi avrebbe fatto piacere. Lui, però, ha prenotato una suite in un hotel del centro: vuole creare un'atmosfera romantica solo per noi, che ne abbiamo bisogno. Rimango incredula: dormo fuori da settimane, ho bisogno di stare a casa mia. Provo a dirlo, ma non ci capiamo più: io non colgo le sue buone intenzioni, lui non comprende le mie motivazioni. Vince lui, quindi che albergo sia.

Dopo cena Sacha propone una passeggiata in via della Spiga, per vedere le vetrine. Mio fratello e Fely si guardano: sanno che ho fatto progressi e abbandonato il bastone, ma non sono ancora forte abbastanza da reggere una camminata così lunga su ciottoli e sanpietrini. Lui fa finta di non capire e ci porta lì. Procede a braccetto con il fidanzato di Fely, io qualche passo indietro, con lei e mio fratello. Quando Domy raggiunge i ragazzi davanti, crollo e cedo al pianto: mi sarei immaginata un compleanno tutto diverso, durante il quale potermi divertire, oltre che non soffrire fisicamente. Dico sì a tutto perché detesto lamentarmi e non voglio rovinare la serata, ma sto malissimo. Fely capisce al volo e inventa una scusa per farci tornare tutti in hotel.

Domy ci accompagna e, prima di tornare a casa, sale in camera per accertarsi che ci sia tutto ciò che mi serve una volta tolte le protesi. È passata la mezzanotte, sono stanca, soprattutto per via della camminata. Lo dico a Sacha, che non fa una piega e apre il rubinetto per prepararsi un bagno. Nell'attesa torna in camera e mi chiede se ho bisogno di qualcosa. Non ho voluto la sedia a rotelle, così prendo una sedia qualunque e la porto in bagno, per appoggiarmi, togliermi le gambe e lavare cuffie e monconi. Il suo imbarazzo è evidente, ma mai quanto il mio. Capisco la sua difficoltà: non abbiamo mai condiviso un momento simile. D'altra parte mi chiedo se quello è il ragazzo con cui sto da dieci anni, lo stesso che mi ha proposto di sposarlo: mi sembra di avere di fronte un perfetto estraneo. Come posso passare tutta la vita con lui? Improvvisamente realizzo che non posso, non è lui l'uomo giusto per me. Forse era l'uomo giusto per la Giusy di prima, ora che io sono cambiata non più. Ne parliamo un po', ma lui si fissa su Budrio, credendo che mi limiti a rinfacciargli (da mesi, ormai) di non essere mai venuto: come se fosse un saggio di danza, o un'uscita al cinema. Forse il suo far finta di niente nasconde dolore, paura, impotenza, timore di non essere all'altezza, ma non lo so, perché non me lo dice. L'unica cosa che mi mostra è la mancanza di consapevolezza che Budrio è un posto dove dovrò tornare tutta la vita.

Domenica dormo a casa e lunedì mattina mio fratello mi riaccompagna in Emilia, perché termini le protesi da bagno, quelle che già chiamo "le mie gambe da mare".

Antonio, Walter e Claudiano sono stati dimessi, ma Simone è ancora con me. La routine massacrante del Centro mi aiuta a mettere da parte i pensieri su Sacha: 8 palestra, 9 colazione, poi officina, addestramento nel parco con Matteo, pranzo, ancora addestramento, ancora officina, 17 doccia, 18 messa, 19 rosario con padre Giancarlo e poi chiacchiere nei corridoi o pub con Simone.

La chiesa mi rilassa. Qualche volta scrivo i miei pensieri sul quaderno che padre Giancarlo tiene all'ingresso. A volte salto la messa per stare nel laboratorio di scultura con Irene. Anche l'arte mi aiuta a non pensare. Ma spesso mi siedo davanti alla statua della Madonna e prego: in quel momento, nel silenzio, mi sento davvero me stessa.

Nei tempi morti faccio nuove conoscenze: Franco, un ragazzo siciliano altissimo che ha perso una gamba in un incidente tanti anni prima, pratica il basket in carrozzina e fa parte di una delle squadre più forti d'Italia, la prima nata in Sicilia. Di sportivo in sportivo incontro Davide, che pratica salto in lungo. Minuto e giovane, è senza una gamba, cosa che nessuno ha modo di notare se porta i pantaloni. Con i calzoncini da atleta, invece, ovviamente si vede, anche perché Davide salta senza protesi. Come invalido civile non ha diritto alla protesi sportiva, le Asl in Italia non le concedono, come se lo sport per i disabili fosse un lusso. Lui, però, non si è mai perso d'animo e ha continuato a saltare senza. Vederlo è incredibile.

Una domenica, si materializza di fronte a me Gabriella:

mi ha sommersa di SMS nei mesi precedenti al punto che mi ero quasi convinta che ormai avesse una vita solo digitale. Vederla è una gioia: si è fatta tre ore di auto per prendere un caffè con me, regalarmi un grande fiore di tessuto, darmi un bacio sulla guancia e ripartire per Alba, dove ci siamo conosciute. Sono rimasta in Piemonte solo due anni, per questo vedere spuntare a Budrio colleghi e amici incontrati in quel periodo, come lei o come Andrea detto "Tramo" – così carino da affrontare un mucchio di chilometri per dedicare a me qualche ora – mi commuove profondamente.

A giugno le mie gambe da mare sono quasi pronte. Io ho migliorato tecnica, resistenza e, soprattutto, ho imparato a fare da sola tante cose per le quali prima chiedevo l'aiuto di mamma – dalla doccia al lavare le protesi.

Quando Antonio torna al Centro e chiede a me e Simone di andare a sostenerlo ai campionati italiani assoluti di Lignano Sabbiadoro mi sento pronta.

Scopro in quel momento che anche Antonio fa sport: potevo avere qualche sospetto, vista la sua corporatura atletica, ma non pensavo minimamente che potesse praticare qualche disciplina a livello agonistico, e più d'una! Non ne aveva mai parlato!

È la prima volta che Simone e io assistiamo a un evento paralimpico. Io addirittura non sapevo nemmeno che le Paralimpiadi esistessero – nonostante le dimensioni del Centro protesi, la promozione sul tema è decisamente scarsa, e in Italia Pistorius è ancora un illustre sconosciuto. Per me è tutto nuovo, esaltante, divertente: Antonio lancia il peso, il disco e corre i 100 metri con una protesi sportiva, oggetto a me del tutto sconosciuto.

Simone rimane affascinato, tanto da voler provare anche lui. Io, invece, più guardo quella cosa a forma di lingua, meno mi sento stabile. Insomma, a stento cammino! Piuttosto, a colpirmi è il nostro atleta: silenzioso ma pieno di risorse.

La sera Antonio chiede il permesso alla sua squadra ed esce a cena con noi. Ci racconta di un viaggio in Grecia con la sua fidanzata dal quale è tornato da poco e chiacchieriamo tanto di sport e delle possibilità di vita che può dare.

Domenica sera rientriamo tutti e tre a Budrio: io e Simone dobbiamo terminare le nostre gambe da mare e Antonio deve modificare la sua protesi sportiva. Per la strada Simone ci tempesta di battute: ci vede bene insieme, secondo lui io piaccio ad Antonio e avanti così, per 200 chilometri. Antonio arrossisce e si impegna molto per cambiare discorso, io fingo di non sentire. Tra me e me ci penso: è assurdo! Primo, mi sto lasciando alle spalle una storia di quasi undici anni, ho bisogno di stare sola e di ritrovare me stessa. O meglio, di capire chi sto diventando. Secondo, Antonio è impegnato, felicemente presumo, con una ragazza del suo paese, fin dai tempi del liceo. Terzo, anche a lui manca una gamba. Una gamba in due: perfetto, no? La visione di noi due anziani mi fa tremare: ci manca che mi metta con una persona che ha un handicap simile al mio.

Dopo qualche giorno gioioso e caldo, passato in gruppo, rimango sola.

Le mie gambette sono pronte, ma voglio controllare l'estetica. Troverò mai il coraggio di mostrarmi in costume con quelle robe addosso? Sono bianche e grosse, nemmeno lontanamente simili alle mie gambe di prima. Il problema è che nessuna protesi lo sarà mai. Finché le porto sotto i pantaloni è tutto più facile, ma al mare...?

I tecnici mi spiegano che tra un anno dovrò rifarle comunque, quindi cerco di non disperarmi più di tanto, anche se l'estate che si avvicina rimane un pensiero fisso.

Dedico qualche giorno ancora a camminarci in palestra. Faccio numerose prove di equilibrio e in questo mi aiuta molto Massimiliano, uno dei più bravi fisioterapisti che io abbia mai incontrato. È molto esigente e professionale, ma quando si esce dalla palestra diventa tutta un'altra persona. Mi fa stare in bilico su una pedana a mezzaluna e mi lancia un pallone prima a destra, poi a sinistra, poi in alto e in basso. Io devo prenderlo senza perdere l'equilibrio e senza cadere. Odio anche lui per un po', ma capisco da subito che quel lavoro mi rende più sicura e padrona delle protesi.

Già che ci sono, approfitto dell'ufficio del Centro per la riabilitazione alla guida. È un po' che ci penso e mi piacerebbe provare. I tecnici mi dicono che tutto è possibile e mi fanno fare una prova in cortile con un'auto adattata. Toccare il volante è uno choc: rivedo il giorno dell'incidente, sento le nocche farmi male per tenere la macchina in strada. Ma non voglio avere paura per tutta la vita: la mia autonomia è più importante. Fatto il primo giro la faccenda si fa più semplice e a forza di esercitazioni mi merito persino di poter usare la protesi per accelerare.

Dopo tutti gli esami e le visite di riclassificazione, mi fissano un esame alla motorizzazione di Bologna: il 06/06/2006. La persona in coda dopo di me commenta: «Speriamo che non porti male!».

«Perché?»

«666 è il numero del diavolo!»

Tra me e me comincio ad avvertire che qualcosa non andrà nel migliore dei modi. Infatti mi bocciano: uso perfettamente i comandi ma mi limito a rallentare e non mi fermo allo stop di una rotonda.

Poco male. Il mese dopo mi ripresento e passo, entrando in possesso della mia nuova patente BS (B speciale).

L'ingegner Improta, che gestisce l'ufficio di Budrio, mi incoraggia a sostenere anche l'esame per il patentino A, per guidare lo scooter. Mi fa affiancare per qualche giorno da Nicola, suo collega ex pilota di Formula 3, che spesso tiene corsi di guida sicura. Con un tale maestro, a parte qualche difficoltà nel mettere sul cavalletto lo scooter di Domy, supero l'esame e, con grande soddisfazione, torno anche a guidare il motorino.

Ora l'estate mi aspetta! Ho due patenti nuove per andare al mare e due gambe nuove per entrare in acqua: devo solo imparare ad accettarle.

Io non sono un mostro

Io ho sempre adorato il sole, il mare e la spiaggia.

E adesso mi vergogno. Non ho confidenza con quell'ambiente, non ci sono più stata. Le gambe esteticamente non sono granché, sono proprio diverse. La gente mi guarderà? E come? Tutti mi conoscono a Reggio o, peggio ancora, a Scilla, dove sono cresciuta: cosa penseranno? Cosa vedrò nei loro occhi? Ma soprattutto: riuscirò a sopportare il loro sguardo?

Ero abituata a essere la reginetta della spiaggia, spalmata sul lettino dalle 8 alle 8, protetta da gruppi enormi di amici e parenti. Mi si notava e non avevo nessun problema, perché ero una tra tanti.

Da quando ho avuto l'incidente la mia massima aspirazione è nascondere la mancanza di due gambe, impresa non da poco. Ogni tanto vorrei essere invisibile, non nel senso di trasparente ma nel senso di uguale agli altri al punto da non venire identificata. Una tra tanti, appunto. La sedia a rotelle mi mette a disagio, il bastone meno, non so se sopporterò le gambe da mare, bianche e grosse.

D'altra parte rinunciare al mare solo perché non mi piacciono le gambe rende tutto più triste. "Sono viva, chi se ne frega delle gambe", dovrei pensare. E invece, a quanto pare, importa.

Per fortuna zio Santo interviene ancora una volta a rendere tutto più semplice, invitandomi a Taormina per tutto il tempo che desidero e che mi serve per prendere confidenza con il mio corpo. Mi porterà in spiaggia a Letojanni e mi aiuterà con le protesi e l'acqua finché non mi sentirò pronta per il mare di casa.

Non ci penso nemmeno due secondi prima di accettare e il «sì» mi sgorga dal cuore, colmo di gratitudine. A Reggio mi conoscono tutti, per me sarebbe molto difficile affrontare i loro sguardi rispetto a quelli dei turisti e degli sconosciuti che affollano la spiaggia di Taormina.

Passo luglio a casa dello zio, che mi coccola come se fossi una figlia. Tutte le mattine mi porta la colazione a letto e la sera mi aiuta a togliere le gambe, a pulire cuffie e monconi. Grazie al fatto che non debba timbrare il cartellino, passiamo le mattinate in ufficio: lui legge la posta e sbriga due cose, io sto al computer o scrivo il mio diario. All'ora di pranzo andiamo a mangiare da A' putia, proprio lì sotto, dove è un *habitué*. Il cuoco, Salvatore, mi fa trovare spesso uno dei miei piatti preferiti, la pasta con il pesto di pistacchi, senza che neanche la debba ordinare.

Lo zio e io chiacchieriamo ogni giorno a lungo. Siamo stati lontani così tanti anni che iniziamo a conoscerci adesso. Ricordiamo con nostalgia le domeniche dalla nonna, lui mi racconta del suo lavoro, io del mio.

Zio è una grande scoperta per me. Con lui mi sembra di essere tornata bambina: presa per mano e portata a conoscere il mondo. È un pozzo di sapienza, conosce alla perfezione non solo la storia siciliana, ma sa tutto dei cibi e dei vini locali. Ama la pesca, così un giorno mi regala una lenza tutta mia con la quale usciamo in barca il pomeriggio stesso, per pescare. Non ho mai pescato prima, è davvero emozionante.

La prima volta che andiamo al mare mi porta a Letojanni. Prenota due lettini e un ombrellone in prima fila, per non farmi fare troppa strada. Io sono tremendamente in imbarazzo a stare in spiaggia con il costume e quelle orribili gambe. Come se non bastassero le protesi, le ginocchiere sono due terribili guaine in silicone trasparente. Mi sento orribile. Al di là dell'estetica, le protesi da mare hanno piedi molto rigidi, quindi il passo è nettamente diverso da quello cui sono abituata. Camminare sui dislivelli della spiaggia, poi, è un'impresa. Ho paura di entrare in acqua e cadere, ma zio mi prende per mano e mi dice che non devo temere nulla: «Sono qui per essere il tuo *life guard*». Calca l'accento inglese e mi strappa un sorriso.

Appena entriamo con i piedi zio rabbrividisce e mi guarda per dirmi che l'acqua è fredda. Un istante dopo scoppio a piangere: io non sento niente. Se voglio sentire l'acqua devo immergermi fino alle cosce. Guardo in giù, vedo i piedi nell'acqua e non sono miei.

Zio cerca di sdrammatizzare cominciando a spruzzarmi l'acqua addosso, e ci riesce: in quel momento mi sembra un gigante, due secondi dopo mi sono tuffata insieme a lui, senza pensarci troppo.

Tornata sul lettino devo togliere le protesi: l'acqua che, inevitabilmente, è entrata, mi infastidisce. Mi tornano in mente le parole del dottor Nicita, che prima di andare via mi disse di bagnare i monconi con acqua salata e di far prendere anche il sole alle cicatrici, per aiutare la pelle. Ovviamente, ho preso tutto alla lettera e zio mi aiuta nella procedura con una disinvoltura tale che lascia meravigliata anche me.

Abitualmente nel weekend zio torna a Reggio, ma in quel mese tutti capiscono che ho bisogno di tempo, così decidiamo di rimanere lì. Ci raggiunge zia Patty, sua moglie, e il clima diventa, se possibile, ancora più familiare. La mattina, prima di mettere le gambe e uscire, zia e io facciamo colazione insieme sul mio letto. La sera, prima di darci la buonanotte, mi massaggia le gambette, e nel frattempo parliamo dell'accaduto e della mia nuova vita. Mentre chiacchieriamo sotto l'ombrellone ho l'impressione di essere loro figlia, non una nipote. Mi chiedo più volte come farei, senza il loro amore e le loro attenzioni, ma scaccio questo pensiero: sono lì, con me, e io mi sento al sicuro.

A loro racconto dei forti dubbi che ho sul mio futuro con

Sacha, di quanto sia rimasta male per il suo atteggiamento ma, soprattutto, di quanto l'incidente mi abbia cambiata. Ho nuove priorità, nuove esigenze, che Sacha fa fatica a comprendere, o che forse io non sono in grado di comunicargli. Lui non accetta facilmente la mia decisione di porre fine alla nostra storia: chiama in continuazione, facendo finta di niente. Crede che io sia momentaneamente confusa, che mi passerà e tornerò la Giusy di sempre, ma non è così. Io ormai ho deciso. Preferisco stare sola in questa nuova condizione piuttosto che con una persona che non mi dà la sicurezza di cui, adesso, ho così bisogno.

Pochi giorni dopo ricevo la telefonata di Antonio che, vivendo vicino a Catania, mi propone di vederci, verrà lui a trovarmi. Meravigliata, chiedo consiglio agli zii che mi incoraggiano ad accettare: è una bella cosa, secondo loro, che un amico di Budrio venga a trovarmi, e poi rifiutare sarebbe scortese.

Antonio arriva il giorno dopo, domenica. Agli zii piace subito. Passiamo qualche ora in spiaggia tutti insieme. Per cena ci dividiamo: gli zii a casa, io e Antonio a Taormina. Passiamo una bella serata, parlando tanto del più e del meno, anche dei miei esperimenti in spiaggia. Tiro fuori i dubbi che ho sulla mia nuova vita e Antonio cerca di tranquillizzarmi, facendo sembrare tutto molto più facile di quanto non appaia a me. Dopo cena mi riaccompagna a casa da zio.

Nei giorni a seguire torna spesso a trovarmi, a volte anche solo per un caffè. A volte pranza insieme a me e mio zio. Mi insegna ad affrontare le cose una per volta. Io con la testa vorrei risolvere tutto e subito, riavere immediatamente indietro la mia vita di prima, lui mi consiglia di fare una lista di priorità. Incredibile come quel ragazzo che conosco da pochi mesi riesca a darmi così tanta forza.

Tanto per farlo fuggire più veloce della luce mi produco in una manovra degna di Paperoga: con la mia patente fresca di rinnovo, sbavo per giorni davanti alla sua auto fighissima, con il cambio automatico. Lui, da gran signore, un giorno mi lancia le chiavi: «Guida tu». Salgo baldanzosa al volante e faccio per uscire dal parcheggio, ma il piede mi si aggancia al pedale e non riesco a smettere di accelerare. Mi stampo contro la macchina davanti, che per fortuna è a una ventina di centimetri, quindi i danni sono contenuti, ma comunque ci sono. Lui tira prontamente il freno a mano e mi dice: «Ti andrebbe di far guidare me?». Mortificata, scendo e comincio a insistere per pagare almeno i danni, ma non c'è niente da fare: Antonio è irremovibile.

Se sulla guida devo ancora lavorare, dopo un mese tra Taormina, Letojanni e Giardini Naxos mi sento pronta per la spiaggia di Scilla. Ai primi di agosto torno a Reggio e chiamo Fely, Katia e Manu per organizzare una giornata al mare. È domenica, con noi vengono anche mio fratello e Fabrizio, arrivati il giorno prima da Milano per le ferie.

Prendiamo i lettini nel solito posto, da Francesco. Arrivo in spiaggia conscia del fatto che la gente non avrà occhi che per me e le mie nuove gambe. Così è, ma io sono carica e disinvolta e la vicinanza delle mie amiche mi fa sentire protetta. Le protesi mi fanno male e, dopo qualche bagno, devo toglierle e far asciugare monconi e cuffie al sole. Copro le cicatrici a filo con un pareo leggero, per evitare ustioni e per non dare troppo nell'occhio: va bene essere disinvolti, ma ci tengo a non esagerare. Mi rendo perfettamente conto che una ragazza senza gambe in spiaggia non capita spesso di vederla. In compenso Domy, in barba a tutte le mie cautele, gioca a prendermi in braccio e a buttarmi in acqua senza gambe.

Il battesimo di Scilla è così consolante che torno più volte nei giorni successivi. Stessa spiaggia, stesso gruppo. Come d'abitudine, per farle asciugare, appoggio le gambe di fianco al lettino. Una bimba, certamente spinta dalla curiosità, tenta di avvicinarsi a me, ma invano: la madre la rincorre, le copre gli occhi con una mano perché non mi veda e la porta via. È una pugnalata allo stomaco: sono un mostro. Faccio paura. Nel momento in cui sento sgorgare le lacrime, però, le trattengo: non piangerò di fronte a quella donna. Nessuno mi ha mai trattato da mostro: non i miei genitori, non mio fratello, le amiche, non gli zii. Nessuno a Budrio. Se non sono un mostro per loro, non permetterò a nessuno di trattarmi così. Fely si lancia in commenti sarcastici sulla disuguaglianza nella distribuzione dell'intelligenza e Domy rincara la dose, sottolineando come quella donna gli ispiri più che altro compassione.

Devo smettere di vergognarmi. Non è facile, ma devo. Voglio. E voglio farmi vedere in giro perché la gente deve abituarsi a vedere certe cose, a conoscerle. A non averne paura. Quella bambina crescerà con la paura di chi non ha le gambe: come potrebbe essere altrimenti? Le hanno insegnato così! Io però posso e voglio fare qualcosa per evitare che sia così, per evitare che i bambini abbiano questa paura.

Continuo imperterrita ad andare al mare. Prendo persino a passeggiare sulla battigia, tra l'ombrellone di mio cugino Carmine e quello di zio Salvatore e zia Carla, sfoggiando le mie terribili gambe grosse e bianche come un trofeo. Del resto, per me lo sono. Mi permettono di stare in piedi e di fare il bagno. Dentro quelle gambe ci sono sudore, fatica, impegno e tenacia: non me ne devo certo vergognare.

La sera usciamo spesso. Se non fosse che, invece che in pista scatenata sui tacchi 12, sto più che altro sui divanetti in jeans e mocassini, mi sembrerebbe quasi di aver riavuto la mia vita. In compenso sono sempre la solita "marocchina", come direbbe zio Mimmo, e grazie all'abbronzatura cioccolato e a top scollati di mille colori mi sento più carina. Domy, Fabrizio e le ragazze mi fotografano continuamente: non ho mai avuto così tanti ritratti! Sono già tristi all'idea che riparta per Milano, dove devo mettere un po' d'ordine nella mia vita lavorativa.

Sacha, nel frattempo, continua a chiamare cercando di farmi tornare sui miei passi. Una sera gli telefono e gli chiedo se posso passare a casa sua. Prendo il motorino di mio fratello e lo raggiungo, portando con me l'anello che mi ha regalato a Natale. Per fargli capire che non cambierò idea devo restituirglielo. So che non la prenderà bene, che lo considererà un gesto forte, io poi non ho mai amato rendere i regali, ma quell'anello ha un significato preciso e io non posso tenerlo.

Passiamo qualche ora da incubo, in due: lui che insiste perché lo tenga e io che insisto perché non sia così. Con le lacrime agli occhi gli chiedo di comprendere la mia scelta, di non complicare le cose, ma è dura, per me e per lui.

A volte è più semplice essere lasciati che lasciare: soffri, poi te ne fai una ragione. Lasciando ti assumi le responsabilità di una scelta rischiosa, un salto nel vuoto, e la responsabilità del dolore altrui, oltre che del proprio.

Esco da casa sua con un peso enorme sul cuore. È fatta, ma non mi sento per niente meglio. Anzi. Non sono per niente sicura di aver fatto la scelta giusta. L'aria che mi accarezza il volto mentre torno verso casa di mamma mi asciuga appena le lacrime. Sono da sola. Ho 29 anni, per la prima volta sfidanzata da quando ne ho 18. Ripenso alla me che si era messa con Sacha: era una persona completamente diversa. Chi sia io adesso è ancora ignoto, ma di certo, volente o nolente, non sono quella Giusy.

Passo i giorni successivi tra il lettino in spiaggia e il motorino: sarà la sensazione di libertà, ma mi diverte, mi fa sentire di nuovo autonoma e ancora più viva di prima. Mia madre è sempre più disperata, pensa che sia una folle a girare in scooter a tutte le ore e con due gambe finte. Ma guidare per me significa indipendenza. Guai a togliermela. In particolar modo ora che, seppur a fatica, me la sto piano piano riprendendo.

L'unica cosa che mi turba è il 22 agosto, che si avvicina. Avevo accettato di passare la serata con le amiche, ma pochi giorni prima annullo. Non voglio stare con nessuno. Zio Santo mi propone di andare con lui e zia Patty a Taormina, e sto ancora valutando la cosa quando, il 20, mi telefona Antonio: è appena tornato da una vacanza con la sua ragazza e vuole sapere come procede la mia estate e, soprattutto, se ho superato la prova di Scilla. Io, con grande entusiasmo, gli racconto le novità del mare e i progressi che faccio girando per la città in motorino. È felice per me e, tenendo a vedermi un'ultima volta prima che rientri a Milano e sapendo quanto sia importante per me il 22 agosto e quanto io adori ballare, Antonio mi invita a vedere un balletto al teatro antico di Taormina. Rimango di stucco: potrei non reagire per niente bene all'anniversario, ma mi propone di trascorrerlo insieme. Nonostante volessi rimanere sola, la delicatezza del suo pensiero mi colpisce al punto che accetto senza pensarci due volte.

Il giorno successivo racconto i miei dubbi agli zii: sento che forse sta nascendo qualcosa tra me e Antonio, ma non è fattibile. Innanzitutto lui ha una ragazza, io ho appena chiuso una storia. Io tornerò a Milano, lui rimarrà a Catania. E c'è sempre la questione di una sola gamba in due. Nulla fa ben sperare. Gli zii, però, mi incoraggiano a vivere l'oggi. Ho ricevuto solo un invito a teatro, che peraltro è una bella idea, e mi fanno notare la grande sensibilità e maturità di Antonio nella scelta della data, del luogo e dell'evento. «L'oggi è un grande dono» mi ripete lo zio. Non posso non essere d'accordo.

Il 22 mando un SMS di ringraziamento a tutte le persone care che mi sono state vicine, inclusi i poliziotti, i medici, infermieri e soccorritori. Alle 16 scoppio in un pianto liberatorio, rivivendo ogni singolo momento di quel giorno di un anno prima.

Antonio passa a prendermi poco dopo e mi porta in chiesa, rimanendo con me a pregare. Lo spettacolo a teatro è stupendo, l'atmosfera magica al punto di farmi dimenticare ogni pensiero fosco. "Sono viva e sono qui" mi dico, e tanto mi deve bastare.

In sua compagnia mi diverto: Antonio è elegante, distinto, educato. Dice sempre la cosa giusta al momento giusto. Prima di salutarmi, quella sera, si avvicina e mi sfiora le labbra con un bacio: è un attimo, ma io sono già destabilizzata. Gli chiedo subito della sua ragazza e scopro che ha dei dubbi sulla loro storia da quando mi ha incontrato. Insomma, nessuno dei due sa cosa sta succedendo, dove vogliamo andare, io ancora meno di lui.

Mai come in quel momento "l'oggi è un grande dono" si rivela azzeccato. Possiamo fare tutti i programmi che vogliamo, ma la vita è imprevedibile e in quel momento mi stupisce ancora una volta. Avevo organizzato tutta la mia carriera per filo e per segno e ora non so nemmeno più se ce l'ho, una carriera. In compenso ho una vita dopo aver rischiato di morire, cammino dopo aver perso due gambe e un bel ragazzo al quale tengo prova qualcosa per me dopo che ho lasciato il mio fidanzato decennale con la realistica prospettiva di rimanere per sempre sola. "Vedremo" mi dico.

Passo settembre tra Reggio e Taormina, a volte al mare con le amiche, altre al mare con zio Santo. Quando sono in Sicilia, Antonio non perde occasioni per venire a trovarmi. Capita che si faccia un'ora e mezza di strada solo per un caffè o per un pranzo insieme a me e mio zio. Che fa di tutto per lasciarci soli, ma Antonio con grande stile gioisce di tutto: un sorriso, un gelato, una passeggiata. Soprattutto, non arriva mai a mani vuote: ha sempre un pensiero per me e lo zio, dalla bottiglia di vino a un vassoio di cannoli.

La sua vicinanza, la sua amicizia mi carica. Lo trovo strano: ci conosciamo da così poco... Gli racconto che tra poco partirò per Lourdes. Avevo promesso che, se fossi tornata a camminare, sarei andata lì per ringraziare e il momento è arrivato: viaggerò con zia Vittoria, volontaria Unitalsi.

Partenza prevista per l'ultima settimana di settembre. Pellegrinaggio nazionale. Non sto più nella pelle dall'emozione. Decido che, una volta lì, ringrazierò per me ma pregherò soprattutto per la salute e l'equilibrio di tutte le persone a me care. Adesso, tra loro, c'è pure lui, Antonio.

"Perché non a te?"

Il giorno della partenza sono agitata come una bambina il primo giorno di scuola: non so cosa mi attende, ma sono fiduciosa e fremo dalla curiosità. Mi dispiace che mia madre non possa essere con me, ma mi godo la presenza e la vicinanza di zia Vittoria, sua sorella, volontaria Unitalsi già da un anno.

Quando, prima di partire, la segretaria Unitalsi mi chiede: «Vuoi partire come ammalata o pellegrina?» quasi mi offendo. Ma che domanda assurda è? Gli ammalati non sono pellegrini? E poi, ammalata io?! Ma se è un anno che fatico e sudo per non sentirmi "ammalata"? Ho un handicap, tutto qua. La fulmino sibilando "pellegrina" e lei si affretta a spiegarmi. Mea culpa: mi sono offesa perché non sapevo che la distinzione è necessaria all'assegnazione dei posti letto, gli "ammalati" vengono fatti alloggiare in un centro con possibilità di assistenza ospedaliera, i pellegrini vengono smistati nei numerosi hotel della zona. Ci chiariamo e le spiego che, se per caso dovessi avere bisogno, ci sarà la zia con me.

Scegliamo di partire in aereo, rinunciando all'atmosfera del treno bianco. Non mi sento pronta per un viaggio in treno così lungo, durante il quale probabilmente non potrei lavare come si deve cuffie e monconi, come sono abituata a fare. Per nostra fortuna però vola con noi un sacerdote che conduce una preghiera per prepararci spiritualmente all'esperienza che stiamo per vivere.

Tutte le volte che, prima dell'incidente, mi era capitato di pensare a Lourdes, avevo immaginato un posto triste, dove vanno anziani, ammalati e anziani ammalati. Quanto mi sbagliavo! Il gruppo Unitalsi è composto da molti giovani sorelle e fratelli e i pellegrini (ammalati o meno, anziani o meno) sono pieni soprattutto di gioia: per la possibilità di fare questo viaggio, perché potranno raggiungere un luogo sacro, perché faranno un'esperienza nuova. Mi accorgo che ancora una volta sono vittima di un pregiudizio, ma mi impegno per fare spazio a quella che sembra anche un'occasione di divertimento.

Lourdes pare un paesino da cartoni animati: piccolo, con i tetti rossi e a punta, pieno di negozi che vendono souvenir di ogni tipo. Subito andiamo a lasciare i bagagli in hotel, poi finalmente possiamo rivolgere il pensiero a lei, la Madonna. Bisogna andare a salutarla. Per fortuna il nostro albergo è vicino all'area santa, basta attraversare la strada per vedere i cancelli che la proteggono.

Una piccola discesa appoggiandomi al braccio di zia e siamo dentro. Regna il silenzio. Cellulari spenti e parlottio in sottofondo, a bassa voce. Camminiamo, ma continuo a stancarmi facilmente e dopo un po' di strada devo sedermi. Portiamo la sedia a rotelle che le sorelle dell'Unitalsi mi hanno procurato per tutta la settimana, in caso ce ne sia bisogno.

Davanti a noi, una statua bellissima che adorna la piazza antistante il Santuario. È la Vergine Incoronata. Rimango a bocca aperta. Anche se Katia – che c'è stata due mesi prima con sua madre – mi ha tempestato di fotografie, vedere di fronte a me un monumento così maestoso mi lascia senza parole. Capisco subito perché Katia è tornata rapita al punto di girare sempre con il rosario al collo. Mi ha raccontato che Lourdes è un posto senza nessuna barriera architettonica, che c'è molto rispetto per chi ha un handicap. Solo in quel momento capisco quanto sia giusto essere lì e sia stupendo avere la possibilità di farlo in piedi.

Tanti vanno a Lourdes per chiedere la grazia, io non ho nulla da chiedere: devo solo ringraziare colei che, nel momento più brutto e difficile della mia vita, ha ascoltato le mie preghiere e non mi ha lasciata sola. Né allora, né dopo. Sono lì, con delle nuove gambe: anche se dopo un po' mi stanco posso camminare e questo per me è già un miracolo.

Attraversata la piazza passiamo sotto un grande arco e, sulla sinistra, iniziamo a intravedere la grande roccia. Ancora pochi passi ed eccola, la Madonnina, piccola e bella, protetta da una nicchia della grotta. Ai suoi piedi una cascata di candele, lumini, luci di tutte le dimensioni e una fila lunghissima di gente, che sicuramente avrebbe risucchiato le mie ultime energie. Mi siedo: sono un po' stanca e l'emozione è enorme. Io e zia ci mettiamo in fila, ma dopo poco una sorella Unitalsi ci avvicina e ci spiega che, essendo io in sedia a rotelle, posso passare davanti. Mi fa un effetto strano tagliare la fila perché invalida. Fino a quel momento non mi ero mai posta il problema. Sono invalida, tutti lo riconoscono, e non c'è niente di male. Semplicemente, mi fanno passare davanti. Non ci rifletto più di tanto, però, perché più mi avvicino alla grotta, più aumentano i brividi. Scoppio a piangere e come tutti gli altri provo a toccare la roccia dove la Madonna è apparsa. Sotto, coperta da un vetro, vedo la fonte che Bernardette trovò scavando con le mani su indicazione della Vergine. In corrispondenza della statua, in basso, scendono gocce d'acqua e tanti allungano i fazzoletti, per bagnarli con l'acqua benedetta. Io mi alzo dalla sedia, mi inginocchio, guardo la statua della Madonna e, con gli occhi pieni di lacrime, senza riuscire a vedere, riesco a dire solo: «Grazie». Bacio la roccia e procedo, per consentire il passaggio anche agli altri pellegrini in fila dietro di me.

Nei giorni a seguire visitiamo l'ospedale, andiamo a messa, in sedia a rotelle percorro la Via Crucis. E rimango interminabili ore di fronte alla grotta. Fa freddo, ogni tanto il sole esce, ma subito scompare per lasciare posto alla pioggia. Nonostante tutto non mi muovo da lì, non ci riesco.

Prego, piango, osservo la gente. Un giorno mi passa accanto un ragazzo su un lettino. Rimango impressionata: sembra un malato terminale. Mi chiedo come sia stato possibile anche solo pensare di portarlo lì. Lui, però, mi guarda come se potesse leggermi nei pensieri e mi regala un sorriso grandissimo. Ha una gioia negli occhi che faccio fatica a spiegare. Più tardi chiedo notizie e scopro che semplicemente ha avuto un incidente da piccolo ed è rimasto paralizzato dal collo in giù. Passa la vita sdraiato.

Vengo travolta dal senso di colpa. Sono a Lourdes per ringraziare ma, al tempo stesso, sono molto arrabbiata. Continuo a chiedermi "perché io": perché proprio a me una tragedia così grande, cosa ho mai fatto di male per meritare una simile punizione, perché devo portare questa croce. Mi tormento per diverse ore, senza trovare una risposta convincente. A un certo punto sento come una voce sussurrare al mio orecchio: "Gira la domanda, Giusy, perché non a te? Cos'hai tu più degli altri?". Lei mi sta parlando e io mi sento ancora più piccola. Lei mi sta dando le risposte che cerco.

Capisco in quei giorni, durante quel pellegrinaggio, che non ha senso struggermi per una cosa che non avrei potuto cambiare. Non sempre possiamo decidere noi gli eventi che ci capitano nella vita, però abbiamo un grande dono: possiamo decidere come affrontarli, questi eventi.

Decido che è ora di sciacquare via tutto ciò che non è veramente importante e chiedo a zia di accompagnarmi a fare il bagno nelle vasche di acqua benedetta. Con noi viene una sua amica dell'Unitalsi, Roberta, prima volta anche per lei. Per immergermi devo togliere le gambe, così decidiamo di lasciarle direttamente in camera e di uscire in sedia a rotelle.

L'acqua rappresenta la fede. Immergersi è abbandonarsi alla fede, avvicinarsi a Dio. È purificare il proprio spirito, e io ne ho tanto bisogno. Non bisogna pensare al miracolo: io so che le mie gambe non ricresceranno, ma ho bisogno di capire quale sia il modo giusto per andare avanti.

Una volta negli spogliatoi mi invitano a svestirmi completamente e mi offrono un lenzuolo bianco per coprirmi.

Sono così emozionata che non sento il freddo: piango tutto il tempo. Non so perché mi scendano così tante lacrime, forse perché realizzo di essere davvero fortunata.

I giorni seguenti avverto il bisogno di fare qualcosa, di darmi da fare. Con zia vado spesso in ospedale, dove sono alloggiati altri membri del nostro gruppo. Tra i tanti che incontriamo, mi colpisce moltissimo Fabio, il medico di turno, un ragazzo giovane e bello. Si avvicina a me come se mi conoscesse da sempre e mi racconta che una persona speciale gli ha parlato di me per mesi interi: Franco, il padre di Sacha. Doveva decidersi da anni a subire un intervento ma rimandava costantemente per la paura. Dopo che ho avuto l'incidente, chiamò Fabio per dirgli: «Se quella ragazza ce l'ha fatta a uscire viva da questa enorme tragedia, anch'io ce la farò a superare la paura di quest'intervento» e si fece operare. Racconto a Fabio del grande affetto che mi unisce a quell'uomo e sorrido: essere d'esempio per qualcuno – una persona cara – non mi era mai successo.

Nei giorni successivi passo un po' di tempo con Fabio, che si rivela una persona deliziosa. Quando non è di turno passa a prendermi per fare una passeggiata insieme nelle praterie di fronte alla grotta. Mi sembra di conoscerlo da una vita. Comprende le mie difficoltà e così posso evitare di chiedere quando ho bisogno. Mi offre spontaneamente il braccio se c'è un gradino, o anche solo per salire sul marciapiede. Mi spinge la sedia e prega insieme a me. Sa di cosa ho bisogno. Ovviamente conosce anche Sacha e quando gli dico che l'ho lasciato da poco ci rimane male. Gli spiego che dopo il mio incidente qualcosa è cambiato, e lui capisce al volo, evitando ulteriori commenti. È chiaro che il grande lutto che sto vivendo per la perdita delle mie gambe mi ha resa più esigente. I grandi dolori nella vita facilmente separano le persone, ma, se il rapporto è davvero solido, uniscono ancora di più. Evidentemente questo non è stato il nostro caso.

Grazie a Fabio faccio nuove conoscenze. Tra loro Giovanni, un ragazzo come me costretto, però, sulla sedia a rotelle per tutta la vita. Giovanni vive a Milano da solo: sconcertante. Io, se ho le gambe tutto ok, ma con la sedia a rotelle ho bisogno di qualcuno per spingermi, non sono in grado di muovermi da sola in quelle strade piene di sanpietrini e rotaie del tram. Lui mi fa notare che con una sedia ultraleggera si fanno miracoli e la vita può sembrare migliore: in Italia la Asl non copre le spese ma è un investimento che vale la pena.

Un giorno Fabio mi presenta padre Agostino, caro amico che per diverso tempo è stato anche suo padre spirituale. Padre Agostino è un sacerdote giovane e brillante, simpatico e grande comunicatore. Quando sento l'esigenza di confessarmi è naturale rivolgermi a lui. Imposta la confessione in modo diverso dal solito: visto che è una bella giornata ci sediamo nella prateria di fronte alla grotta. Che pace! Non vola una mosca. Tra la grotta e le praterie c'è un fiume: quel giorno non si sente nemmeno il rumore dell'acqua. Penso davvero di trovarmi in un paradiso. Stare lì mi dà una carica incredibile, una carica buona e sana.

Al momento di ripartire ho il cuore così colmo di sensazioni positive, di amore, che non vedo l'ora di condividerlo con tutti. Per giorni interi parlo solo ed esclusivamente di questo posto fantastico. Felicetta pensa addirittura che mi abbiano drogata, le sembra strano che sia tornata così piena di fede. Un giorno telefono a padre Agostino per cercare una spiegazione all'amarezza che provo nel non riuscire a trasferire agli altri le mie emozioni. Lui, con molta serenità, mi consiglia di non arrovellarmi troppo: «Non sforzarti di far capire agli altri quanto hai vissuto, invitali ad andare a vedere perché vivano in prima persona questa meravigliosa esperienza. Se hanno del buono dentro, non potranno non rimanerne affascinati». Da quel momento faccio così: invito chiunque incontro sul mio cammino ad andare a vedere, per vivere il miracolo più grande, quello della fede.

L'anno seguente con me ci sono ancora mia zia e Roberta, Fabio e i miei nuovi amici dell'Unitalsi, ma anche altre due persone speciali: Felicetta e Carlo, carissimo amico di zia Patty, uomo solare ed entusiasta, dall'animo pulito e nobile.

Parto ancora come pellegrina, ma sento forte il desiderio di dare una mano. Mi chiedo più volte come posso aiutare gli altri se io per prima ho bisogno d'aiuto. Un giorno, parlando con Amelia, la responsabile regionale Unitalsi, manifesto le mie perplessità ma anche la mia voglia di aiutare nonostante il mio handicap. Lei mi spiazza con una risposta secca: «Giusy, basta un tuo sorriso per cambiare la giornata a una persona. Tu hai un grande dono, sfruttalo! L'Unitalsi è con te!». Il giorno dopo sono al bar insieme a Felicetta a preparare i caffè per gli ammalati. Il giorno dopo ancora spalmo la marmellata sulle fette biscottate dei ragazzi che stanno in ospedale e mi fermo a chiacchierare con loro. Fely è molto disinvolta, ha un talento in questo. Lei, che non credeva a quanto cercavo di raccontarle l'anno prima, adesso è lì per viverlo insieme a me!

Talvolta mi danno la possibilità di spingere qualche ragazzo in sedia a rotelle per andare insieme ad ascoltare la messa. La sera del *flambeaux*, la meravigliosa fiaccolata in onore della Madonna che si tiene lungo il viale di fronte al santuario, mi lasciano spingere una sedia insieme agli altri e, quando sono stanca, Felicetta mi rimpiazza mentre io siedo spinta a mia volta da Fabio.

Un giorno insieme a Fely incontro Domenico, un omone altissimo e sempre sorridente. Non riusciamo a capire come mai sia partito tra gli ammalati: apparentemente non presenta disabilità di alcun tipo, anzi, il più delle volte è al bar insieme a noi per dare una mano. Domenico ha metastasi in tutto il corpo e gli hanno dato pochi mesi di vita. È giovane come noi, ed è incredibile vederlo così rilassato e per nulla impaurito all'idea di morire. Purtroppo Domenico scomparirà un anno dopo, ma lui non è lì per chiedere miracoli. Il vero miracolo è lui, che testimonia in modo invidiabile l'amore per Dio e per la vita. Prima di partire ci scambiamo i rosari: io gli do il mio e prendo il suo, un rosario marrone con una croce che reca la scritta JERUSALEM.

Non ho fatto in tempo a restituirglielo. Anni dopo, la prima volta che sono andata in Terra Santa, l'ho lasciato sulla tomba di Gesù, raccomandando la sua anima a Dio.

Per cinque anni consecutivi alla fine di settembre torno a Lourdes, non come semplice pellegrina ma come sorella, membro della grande famiglia Unitalsi. Il gruppo è sempre lo stesso, unito da una grande fede: Fabio come medico, io, Felicetta e Roberta come sorelle (chi nei reparti, chi al refettorio), Carlo come barelliere o addetto alle piscine, Fabio e il suo collega Cosimo come medici volontari.

Questo è per me il vero miracolo di Lourdes. Quando meno te lo aspetti, ti indica la strada da prendere, ti avvicina agli altri e ti apre il cuore. La gente scappa dall'idea della sofferenza, del dolore, pensando di non volersi rattristare, ma finché non la si vede non si può capire la gioia di vivere che si respira in quei giorni di pellegrinaggio. Il più delle volte sono gli ammalati a dare a noi volontari la forza e la voglia di vivere e di sorridere. Mi sento davvero vicina a loro, è grazie a loro che posso apprezzare ancora di più la bellezza dell'essere viva.

L'esperienza più forte di tutte arriva nel 2010, quando l'Unitalsi mi sceglie insieme ad altri per raccontare la mia storia durante la sera del *flambeaux*. Devo salire su un palco davanti a oltre 15.000 persone: sono terrorizzata, anche perché non riesco a prepararmi un discorso, a mettere in ordine le idee.

I giorni precedenti li passo godendomi l'emozione di avere lì con me mia madre, alla sua prima esperienza a Lourdes. La nonna ci andava tutti gli anni, quindi mamma ne ha sentito parlare da sempre, ma lei stessa era convinta che fosse un posto dove vanno solo gli anziani e gli ammalati. Inutile dire che rimane rapita anche lei dall'atmosfera, dalle persone, dal luogo. Dalla magia di essere lì a godere di ogni istante e, senza costrizione alcuna, trovarsi a staccare per puro istinto i collegamenti con il resto del mondo, niente internet, niente cellulare.

Quell'anno parte insieme a noi anche Alma, una mia cara amica d'infanzia, oggi artista affermata nel mondo della lirica e del teatro. Eravamo amiche dagli anni del liceo e, nonostante il passare del tempo, siamo rimaste molto unite. Vivendo a Roma da anni non ha saputo subito del mio incidente ma, quando l'ha scoperto, non ha fatto che chiamarmi per settimane. È bello ritrovarla. È bello condividere con lei questa nuova esperienza.

La sera del *flambeaux* siamo entrambe sul palco a tremare per l'emozione. Con noi a dare la sua testimonianza ci sono anche Simona Atzori e Carlo Castagna. Simona, ballerina nata senza braccia, ci delizia danzando con grazia accanto all'amica Sabrina Brazzo, étoile alla Scala di Milano. Carlo è suo malgrado protagonista della strage di Erba, nella quale ha perso moglie, figlia e nipote. Grazie alla fede, ha trovato il coraggio di perdonare chi ha commesso quell'atroce delitto. Guardandomi attorno mi chiedo cosa ci faccio io, così piccola, in mezzo a questi grandi personaggi. La presenza di Alma mi ràssicura: avrebbe cantato una *Ave Maria* in chiave lirica ed è abituata a esibirsi davanti a platee così numerose. Prima del mio turno mi dice: «Guarda nel vuoto, la Madonna ti guiderà». Salgo sul palco con la voce tremolante, pentendomi di non essermi sforzata di più per preparare uno straccio di discorso. Il sacerdote accanto a me mi dice: «Hai tre minuti. Se stai per sforare mi avvicino». Oddio. Credo che qualcuno mi guidi quando, come per miracolo, riesco a dire in breve e con semplicità tutto quello che ho dentro: «Io sono Giusy Versace e per me è molto emozionante essere qui stasera. Quattro anni fa ero seduta in una di queste prime file su una sedia a rotelle, proprio come molti di voi. Oggi sono qui, in piedi, per raccontarvi come ho fatto. Ho pregato tanto! Avevo promesso che se fossi tornata a camminare sarei venuta a Lourdes per ringraziare. Con l'Unitalsi Calabria questo è stato possibile e oggi sono qui come volontaria. Mi sono chiesta tante volte: "Perché proprio a me? Che ho fatto io di male?". Ci sono tanti ladri, assassini in giro che scoppiano di salute e io devo perdere le gambe! La rabbia è durata solo un attimo. Quando ho guardato la statua della Madonna ho avuto l'impressione che mi stesse parlando. Che mi stesse girando la domanda: "Perché non a te? Che hai tu più degli altri?". In effetti è così: perché non a me? Non abbattetevi! Non mollate! Non permettete mai a niente e nessuno di togliervi il sorriso, mai! E a tutte le famiglie dico: non abbandonate le persone, i vostri cari, che comunque vivono un momento di difficoltà. Non scappate dal dolore! Affrontatelo! Con il sorriso, perché è la cosa migliore che possiamo fare per ringraziare Dio della vita che ci ha dato».

Spesso Fely mi chiede: «Come hai fatto a dire quelle cose sul palco? Hai fatto venire i brividi persino a me, che ti conosco da anni! E neanche le sapevo tutte...».

Sono rimasta sorpresa anch'io: non so come ho fatto, alla domanda di Fely non so rispondere. Sono convinta che qualcuno, dal profondo del cuore, mi abbia suggerito le cose giuste da dire.

Work in progress

È la fine del 2006 quando, dopo mesi trascorsi tra palestra e piscina per ritrovare un minimo di tono muscolare, giornate spettacolari al mare per ritrovare un minimo di autostima e una settimana a Lourdes per ritrovare me stessa, decido di ritornare a lavorare.

Ho bisogno di riconquistare i miei equilibri e, soprattutto, di impegnare la testa. Una cosa è godere della compagnia di amici e parenti durante le ferie, un'altra essere l'unica a rimanere a casa mentre tutti fanno altro. Fra l'altro mi sono sempre mantenuta da sola e l'idea di chiedere aiuto a mamma e papà, a ventinove anni, mi angoscia.

Non sarei mai rientrata in sedia a rotelle, ma ora sì. Fisicamente ce la posso fare: ho due protesi che mi permettono di camminare e reggo abbastanza. Quando non reggo supplisco con la volontà finché la stanchezza o il dolore non mi fiaccano, ma per stare seduta in azienda o spostarmi in aereo o in macchina non dovrei avere problemi, no? Ogni otto mesi devo tornare a Budrio per rifare gli invasi, ma posso lavorare in remoto, con computer e telefono, no?

Il novanta per cento della mia vita prima dell'incidente ruotava attorno al lavoro. Era anche troppo, ho trascurato gli affetti e non voglio più farlo, ma la passione è intatta. Non a caso, il 22 agosto 2005, quando in teoria avrei dovuto essere in ferie, stavo andando a supportare un cliente.

Ho lavorato tanto per meritarmi il posto che avevo, ho sofferto e faticato moltissimo durante questo anno per tornare quella che ero: rivoglio la mia vita.

Comincio la cavalcata per andare a riprendermela chiamando l'Inail, per concordare il mio rientro in azienda, che l'anno prima aveva spergiurato: «Il tuo posto non te lo toglierà nessuno». *Retail supervisor*: musica per le mie orecchie.

Al mio rientro mi piazzano in un ufficio provvisorio, con un collega. Sulla scrivania, un mazzo di fiori: "Bentornata", che carini.

Peccato che quella sia l'unica "comunicazione aziendale" che ricevo in tre anni. Mi basta poco per capire che, invece che sul mio posto di lavoro, sono in un parcheggio. Ogni tanto mi spostano anche da un ufficio all'altro. Chiedo lumi ai superiori e mi dicono di stare tranquilla, che il mio stipendio è sempre quello. Ho capito, ma io non voglio prendere lo stipendio che mi sono guadagnata sudando dai diciannove ai ventotto, tempo libero compreso, senza fare niente! Io rivoglio la mia dignità professionale. E per avercela devo rimettermi a lavorare.

Sono riuscita faticosamente a riconquistare la mia dignità di persona e di donna. Sono riuscita a tornare alla vita di tutti i giorni, più o meno, costruendo una nuova routine tra mille difficoltà e non posso lavorare?

Non riesco a credere che il lavoro sia un problema. Non lo è mai stato nella mia vita. E non perché mi chiamo Versace, ma perché mi sono fatta un mazzo così. Ho sempre lavorato per aziende concorrenti, dovendo mostrare che non sono raccomandata ho sgobbato tre volte più degli altri, e sono stata felice di farlo. Etica ferrea e volontà incrollabile, mi sono guadagnata la stima di superiori e colleghi e il mio posto, al prezzo di essere disponibile a tutte le ore, di condurre una vita frenetica, di subire un incidente sul lavoro.

Tutti intorno a me vanno avanti: mamma è tornata a lavorare, papà anche, Domy cambia mansione, le mie amiche riprendono le loro occupazioni. L'unica ferma, immobile, ingessata sono io.

Decido di tirare fino alla settimana della moda: lì potrò mostrare che non è cambiato niente, che sono sempre la stessa Giusy.

Ci provo alla grande. Per cinque giorni lascio a casa il bastone e, con uno sforzo sovraumano, passo la maggior parte del tempo in piedi: assisto alle sfilate, parlo con i clienti, giro per gli showroom. Mi sento bene, mi sento me. Ci sono con la testa e ci sono con il corpo.

In febbraio devo tornare a Budrio per rifare gli invasi ma mi porto dietro il computer e scrivo a tutti per far vedere che sono operativa anche se sono in un Centro protesi.

Torno in ufficio e non è cambiato niente. Mi basta qualche altra settimana per capire che non cambierà niente nemmeno nei mesi successivi. Quello che non immagino è che resterò parcheggiata lì per altri tre lunghissimi e noiosissimi anni.

Sono a Milano, da sola, e mi manca l'aria.

La sera, quando apro la porta di casa, entro in un incubo. Non riesco più a gestire i miei 70 metri quadrati: vedo ombre ovunque, ho paure ingiustificate, sono terrorizzata dall'idea che succeda qualcosa di notte, mentre sono a letto senza gambe. Mi addormento più volte sul divano, con le protesi addosso. Mi fanno male, ma almeno so di poter fuggire. Al mattino sono a pezzi, ma mi alzo e vado in ufficio, come se niente fosse. Sono fragile e ho imparato a non vergognarmene. Per una che non piangeva davanti a sua madre è già un bel passo avanti.

Sono costretta a chiedere aiuto per capire qualcosa che già sapevo in abbondanza prima di rientrare al lavoro: non bisogna permettere a nessuno di farci credere che non siamo all'altezza di qualcosa. Tutti noi abbiamo dei limiti – è giusto e umano non solo averne, ma riconoscerli – però siamo noi gli unici a poterli stabilire.

Venire trattata così sul lavoro mi fa perdere autostima e fiducia: c'è una presenza enorme e importante nella mia vita che crede che io sia in grado al massimo di fare qualche solitario, in ufficio. Che mi dice in tutti i modi: "Tu, non crederai di riprenderti la tua vita solo perché stai in piedi?".

Ci metto anni a convincermi per davvero che quella sbagliata non sono io. Io che ho perso le gambe, ma non la testa. Dal momento in cui ci arrivo, però, tutto si fa più semplice, almeno dal punto di vista psicologico.

Alcune cose aiutano, in questo percorso.

Davide, per esempio, un ragazzo conosciuto a Budrio insieme alla moglie, la splendida Margherita. Lui, giovane, bello, una forza da leoni, ha perso una gamba a causa di un tumore e, nonostante il suo destino fosse segnato, non ha mai, dico mai, smesso di amare la vita. Alla fine di gennaio ci telefoniamo spesso, lui mi racconta del suo nuovo massacrante ciclo di radioterapia, io gli dico dei problemi che ho sul lavoro. Un secondo dopo mi sento minuscola e il giorno dopo lo richiamo, per non dimenticarmelo.

La corsa è gioia

Nel frattempo è successa una cosa.

In autunno le telefonate di Antonio sono diventate sempre più frequenti. A Natale ho fatto la spola tra Reggio e Taormina: lui mi ha accompagnato a comprare i regali per le mie amiche, mi ha portato a cena fuori. Una sera – incredibile – è venuto fuori che siamo entrambi astemi. Non ci avevo nemmeno pensato perché, per fare colpo, lui ordinava sempre delle super bottiglie di vino, io accennavo un sorso giusto per brindare, ma l'effetto finale era che lui si addormentava e a me partivano dei gran mal di testa. Dopo numerose bottiglie mai terminate, un giorno ci siamo guardati negli occhi pronunciando contemporaneamente la frase: «Vada per la Coca-Cola?».

Insieme stiamo bene, ci piace fare le stesse cose, parliamo di tutto e, soprattutto, la cosa più bella, ridiamo tanto. Proprio ci divertiamo.

Agli inizi del 2007 lui lascia definitivamente la sua ragazza, chiedendo a me di dargli una possibilità. È il momento che mi accorga di ciò che Felicetta e zia Patty mi predicano da settimane: sono innamorata. Sono innamorata e ansiosa: io vivo a Milano, lui vive a Catania, ci conosciamo poco e sono terrorizzata dal fatto di essere "in viaggio". Non so ancora bene che persona sarò, se resterà tutto come prima. Sto cercando di riavere indietro la mia vita, ma ogni giorno mi scontro con nuovi ostacoli e difficoltà dei quali non sospettavo nemmeno l'esistenza. Tutto questo mi cambierà più di quanto non abbia già fatto? Non ne ho idea, e ho paura di rovinare tutto, ma quando lo vedo sento le farfalle nello stomaco, esce il sole e il mondo diventa un posto migliore. Quando riparto ho nelle orecchie le parole di zia Patty: «Voi due siete fatti per stare insieme! Si vede lontano un miglio che vi cercate. Datti questa possibilità di essere felice! Giusy, poi, nulla capita mai per caso. È come se Dio avesse lavorato per farvi incontrare... forse ha scelto una strada discutibile, ma questa è un'altra storia». Penso a lungo a questo. Il fatto che anche a lui manchi una gamba condiziona ogni mia scelta. Un giorno le mie amiche, però, mi offrono un nuovo, illuminante, punto di vista: a me di gambe ne mancano due, eppure questo non ha impedito a lui di corteggiarmi. Ha scelto di lasciare una ragazza cui non manca nulla per stare con me, che sto in piedi da poco.

In azienda non la pensano allo stesso modo, e la vicinanza di Antonio mi aiuta.

Sono sempre stata molto fatalista e ho ancora in mente le parole di zia Patty e delle mie amiche su Antonio. Più ci penso, più mi persuado che lui non può essere entrato nella mia vita a caso.

Il motivo lo scopro l'anno dopo. Antonio mi stuzzica già da un po' perché provi a correre. Lo sport ha cambiato la sua vita: prima di perdere la gamba adorava giocare a calcio ma ha dovuto accettare di non poterlo più fare. Poi, però, ha scoperto l'atletica, e la gioia che gli dà la corsa annulla tutto il resto. Vorrebbe che la provassi anch'io. Nobile scopo, peccato che io non sia ancora sicura, abbia paura di cadere e di farmi male. Il tarlo, però, ormai si è insinuato. Mi chiedo continuamente: "Perché non provare?". Ora ho ancora qualche possibilità, se lascio passare troppo tempo rischio di guadagnarci solo un rimorso grosso come una casa per qualcosa che volevo fare e che ho lasciato perdere. Finalmente, nel 2008, dopo averlo accompagnato a numerose competizioni agonistiche organizzate dal comitato paralimpico, decido: proverò a correre.

Il mio sogno si infrange però contro il muro di titubanze innalzato dai tecnici di Budrio. Lì ho imparato a camminare, lì imparerò anche a correre, pensavo. Niente da fare: il mio personale Eldorado sostiene che io non sia in grado. Ho un'amputazione bilaterale, quindi meno stabilità, inoltre secondo lui non sono ancora fisicamente strutturata e, infine, la ciliegina sulla torta, metto in evidenza un notevole "sbandamento", modo elegante per dire che sculetto.

Non posso credere alle mie orecchie! Sculetto! Trattengo il mio disappunto per quella che credo sia una battuta infelice e faccio l'indifferente. Purtroppo mi sbaglio: quale battuta! Dopo un anno dalla mia prima richiesta continuano a sostenere le stesse cose ma, a quel punto, la vedo diversamente: è una follia cercare di scoraggiarmi a fare sport, è una follia cercare di scoraggiare qualsiasi disabile a fare sport. Lo sport non è un lusso, per chi vive una disabilità, o per lo meno non dovrebbe esserlo: è un modo per superare e accettare una condizione spesso di difficoltà, che richiede uno sforzo costante e una tenacia indistruttibile. Tra l'altro non ho chiesto di correre il campionato del mondo, voglio solo provare a correre per correre.

Lui cerca di rifilarmi piedi alternativi al posto di quelli professionali che gli ho chiesto, io allargo il raggio d'azione e ne parlo con il responsabile tecnico delle officine e la mia sede Inail. Visto che non cambia niente, arrivo persino a chiedere aiuto al tecnico referente per il CIP, cioè il Comitato italiano paralimpico, anche lui amputato ed ex atleta.

Ancora una volta, non succede niente. È evidente che tutti si riempiono la bocca di belle parole, "quanto è importante lo sport", "noi collaboriamo con il CIP", ma nessuno vuole aiutarmi davvero.

Per fortuna il dottor Nicita, che mi segue dal mio primo ingresso al Centro, vota sì, come me. La decisione purtroppo non dipende da lui, ma il suo sostegno mi aiuta a non mollare. Come quello dei miei fisioterapisti di fiducia, che se non altro mi aiutano in palestra a fare delle prove di corsetta con i piedi flex, come quelli che ho. Intuisco la differenza abissale tra quelli e le lingue di carbonio, pensate e realizzate appositamente, ma ci do dentro nel tentativo di dimostrare che sarei all'altezza.

Sono gli anni in cui i media si interessano a Oscar Pistorius e alla sua lotta per correre con i normodotati. Senza due gambe come me, Pistorius sta diventando una superstar. Come se prima di lui le protesi da corsa non fossero esistite, le Paralimpiadi diventano improvvisamente più interessanti. Per fortuna, mi dico, nella speranza che un giorno ricevano il giusto spazio anche quei campioni di cui, purtroppo, nessuno sente parlare.

A un certo punto comincio a dubitare di me: come per il lavoro, a forza di sentirmi dire che non sono capace, che "non posso", quasi quasi mi convinco.

Forse devo rinunciare: del resto, se prima non correvo, perché dovrei iniziare adesso? E se poi cado e mi faccio male sul serio? Mi terrorizza l'idea di farmi male e non poter più camminare: quella sì che è una necessità.

Antonio si rivela determinante. Un giorno mi domanda: «Vuoi passare il resto della tua vita a chiederti come sarebbe stato correre? Hai superato momenti più duri, non hai perso i sensi il giorno dell'incidente e ora ti fermi solo perché qualcuno ti dice che non sei capace e rischi di farti male? Provaci! Cosa importa? Al massimo, se cadi, io e tuo fratello ci facciamo una risata e poi ti diamo una mano a rialzarti».

Detto, fatto! Solletica il mio orgoglio e, da buona calabrese, non mi tiro indietro.

Sono passati due anni di lotte burocratiche e dispute mediche, ma finalmente ho l'autorizzazione Inail a far realizzare delle protesi da corsa presso un altro Centro, che si mostra disponibile: l'ortopedia Panini che, combinazione, si trova a Milano. Marco, il tecnico che mi segue, ci mette tanto impegno e pazienza. Dopo qualche prova in palestra decide che è il momento di uscire. Ci accertiamo che i bulloni siano ben stretti e via, verso l'uscita. Vuole vedere come riesco a muovermi in uno spazio più ampio. "Muovermi" è una parola assai grossa, già stare diritta e ferma sulle lingue di carbonio è un'impresa. L'impressione è di essere in bilico sulle punte dei piedi, la stabilità non è il massimo. Per mantenere l'equilibrio si è costretti a fare piccoli passi e a spostarsi continuamente, a meno di non appoggiarsi a qualcosa o a qualcuno. Arranco verso l'uscita al braccio di Domy e prima di infilare la porta intravedo la mia figura allo specchio: è uno choc ancora più forte della prima volta che mi sono vista con le prime protesi. Stavolta i miei monconi sono avvolti da invasature di carbonio e letteralmente sospesi su questi piedi a forma di C. Qualcosa mi fa sentire poco sicura, ma tengo la sensazione per me e sfodero una disinvoltura che non ho. Tutto pur di non dare ragione a chi pensa che non debba correre!

È un pomeriggio di febbraio, forse sono le 18, ma fuori è così buio che sembra notte. Terrorizzata dall'idea di perdere l'equilibrio, prego di non cadere mentre muovo i primi passi. Domy è con me, mi tiene per mano mentre comincio a camminare, un passo, dopo l'altro, dopo l'altro, più veloce, più veloce... Alzo le gambe, muovo le braccia e il vento freddo mi passa tra i capelli neri, mi accarezza il viso. Sono viva! Sono viva e sto correndo! È una sensazione impagabile: mi sento potente, e libera. Domy corre con me finché non capisce che mi sento sicura e mi lascia andare. La mente torna alla terribile fatica della prima volta che mi hanno messo in piedi. Quella volta piansi dal dolore. Adesso, piango dalla gioia.

I giorni seguenti Marco mi accompagna in un campo d'atletica, dove il suolo è più adatto. A stento riesco ad alzare le ginocchia. Le protesi sono pesanti per me e devo ancora capire come si usano. Sono così inesperta che sul rettilineo, lanciatissima, mi rendo conto che non so come frenare! Per fermarmi deve bloccarmi Domy con un abbraccio!

Non passa molto tempo prima che scopra che sono la prima donna in Italia a correre senza gambe. Com'è possibile?

Sono certa che ci sono altre amputate bilaterali, com'è che nessuna corre? Insomma, fatto sta che mi carico e mi caricano: Antonio, mio fratello, Marco.

Dopo qualche mese di prova contatto Titti Vinci, il presidente regionale del CIP Calabria: vivo a Milano ma se devo correre voglio farlo per la mia terra. Lui si aggiunge alla lista dei tifosi e mi convince a partecipare ai campionati regionali di maggio.

Io non sono affatto pronta: ho appena messo le protesi da corsa, figuriamoci se ho idea di come si gestisce una gara! Non ne avevo mai fatta una prima, ma soprattutto a stento corro per 50 metri, 100 mi sembrano una distanza enorme.

Lui, però, ha già deciso per me e mi ha democraticamente iscritta. «La gara è il 30 maggio, mi raccomando: sii puntuale.»

Disperata, passo in pista ogni momento libero, come se due mesi di allenamenti potessero compensare una vita a digiuno di sport. Prima dell'incidente andavo in palestra, da bambina facevo danza... ma non ho mai fatto niente a livello agonistico, nemmeno il campionato della scuola!

Arrivo a Reggio la sera prima della gara, tesissima. Le premesse non sono rosee: scendendo dalla scaletta dell'aereo, dopo soli pochi gradini, appoggio male il piede e rotolo giù, perdendo la gamba sinistra e dando una botta forte con il moncone. Quando riesco a fermarmi vedo la gamba saltellare giù dalle scale, ci sarebbe anche da ridere se non fosse per il male alla cicatrice. Lo steward si avvicina chiedendo se ho bisogno di aiuto, io rispondo con un sorriso stretto: «Se è così gentile da recuperare la mia gamba forse riesco ad alzarmi».

Arrivo al nastro bagagli zoppicando e realizzo subito che la gara è andata: la gamba mi fa troppo male. È già mezzanotte ma mamma, che è venuta a prendermi, non mi porta a casa se non dopo aver trovato una farmacia di turno e aver comprato qualcosa per sfiammare la parte indolenzita.

L'indomani mattina presto chiamo Titti e gli comunico che non posso gareggiare, anche solo pensare il contrario sarebbe assurdo. Lui mi convince ad andare comunque a Siderno, «non si sa mai». Ok. Il suo «non si sa mai» solletica un mio desiderio: voglio far vedere a mamma e papà che corro. Loro non erano con me a Milano quando ho provato le protesi, non mi hanno mai vista. Parto, piena di speranza (e di ghiaccio). Mia madre è ansiosa e preoccupata, continua a ripetermi che se non me la sento posso lasciar stare. Al campo trovo due dottoresse a mia disposizione: mi spostano l'orario della gara e mi massaggiano per tutta la mattinata. Più rimango lì, assistendo alle gare in corso, più mi convinco che devo provare. Temo di fare una figuraccia, ma come disse saggiamente Antonio: «Cosa importa?». Niente, appunto.

Mia madre si mette le mani nei capelli e, quando indosso le protesi da corsa e faccio per raggiungere la pista, mi dice: «Mi raccomando non correre!». Ah, la mamma!

«Mamma, siamo in un campo d'atletica, la gara è per il titolo regionale sui 100 metri: *devo* correre, se no che ci sto a fare qui!»

Ci facciamo una bella risata insieme, che mi aiuta a sciogliere la tensione. Gli altri hanno corso al mattino, quindi in pista sono sola. Quei 100 metri mi sembrano infiniti ma stringo i denti, per un attimo non sento neanche il dolore, tanta è la voglia di dare questa soddisfazione a mamma e papà. Taglio il traguardo in 24 secondi, forse troppi ma per me è già un miracolo avercela fatta senza cadere e con quel dolore addosso.

Nei giorni seguenti Titti mi chiama per dirmi che mi sono qualificata per i campionati italiani di Imola, che si svolgeranno a giugno. Mentalmente non sono per niente pronta, la competizione sportiva è una cosa che può sfibrare, che richiede una concentrazione e una capacità di isolarsi dal resto del mondo notevoli, ma ancora una volta mi dico di vivermela per come viene. Fare programmi si è rivelato inutile, giusto? Quindi tanto vale che provi a godermela.

A Imola gareggia anche Antonio, come lanciatore. Ci presentiamo in formazione compatta, io, lui e mio fratello.

Grazie alla presenza di Pistorius la manifestazione è gremita di giornalisti ed è presente anche chi del Centro protesi di Budrio non ha creduto in me. Sono tutti curiosi di vedere le mie nuove gambe, mi fanno domande tecniche, vogliono sapere dove le ho fatte.

Naturale che, al momento della gara, mi senta tutti gli occhi addosso. L'adrenalina è a tremila, il tempo si sta ingrigendo e cadono piccole gocce di pioggia. Sono nervosissima e sbaglio la partenza: scatto più lenta delle altre, le lame dei piedi si incrociano per un attimo e rischio di cadere a faccia in giù, non so come mantengo l'equilibrio e, per recuperare, spingo il più possibile, chiudendo la gara in 19"90 e aggiudicandomi il titolo italiano. Non so come ho fatto ma una cosa è certa, la gioia è doppia: ho vinto la medaglia d'oro e ho fatto vedere di cosa sono capace a chi pensava che non fossi in grado di correre.

Il giorno dopo i giornali parlano di me come della "Pistorius italiana": aiuto. I media iniziano a interessarsi alla mia storia e io sono del tutto impreparata. Per lavoro sono abituata a stare dietro le quinte, devo ancora finire di trovare dei punti fermi, non voglio e non posso condividere il mio vissuto prima. La cosa più che lusingarmi mi infastidisce e mi fa pensare che forse è il momento giusto per tirarmi indietro, ma l'esaltazione di Antonio, della mia famiglia e il consiglio di amici ed esperti mi rassicura sull'andare avanti. A questo punto, però, mi serve un allenatore. Qualcuno che si intenda di atletica e di protesi.

Il caso vuole che, in settembre, alla Notturna di Milano, io incontri Claudio Arrigoni, che qualche mese prima ha scritto un pezzo su di me per la "Gazzetta dello Sport". Lo avvicino, lo ringrazio e gli chiedo consiglio. Lui mi fa girare di 180 gradi e mi indica, poco più in là, Oscar Pistorius e, vicino a lui, il suo preparatore atletico di riferimento in Italia, Andrea Giannini. Io non sapevo chi fosse ma Claudio insiste per presentarmelo, sostenendo che sicuramente saprà suggerirmi qualche nominativo.

Andrea è un bel ragazzo alto, ovviamente atletico, ex saltatore con l'asta. L'accento toscano lo rende particolarmente simpatico. Gli riassumo brevemente la mia storia, chiedendogli se conosce qualcuno di serio che possa seguirmi e aiutarmi negli allenamenti: io di atletica non so nulla e, soprattutto, il mio cervello ha come cancellato lo schema motorio della corsa. Devo iniziare da capo. Più che correre, cammino veloce. Lui mi ascolta con attenzione poi, con mia grande sorpresa, si propone lui stesso. Non mi sembra vero! Penso subito che abbia un bel coraggio a perdere tempo con una principiante come me, ma visto che l'occasione è d'oro accetto subito: si sa mai che ci ripensi... Ci scambiamo i numeri di telefono e qualche giorno dopo ci diamo appuntamento alla pista di Assago. Andrea osserva il mio modo di correre (da papera) e mi dà due dritte sugli allenamenti da seguire. Si dice disponibile a incontrarci una volta al mese. Piena di gratitudine mi offro di pagarlo per il suo aiuto, ma lui rifiuta, sostenendo che non vuole soldi, ma solo vedere che progressi posso fare e quanta voglia ho di correre.

Tornando a casa ci ripenso e suppongo che dubiti un po' di me e della mia costanza. "Avrà pensato che sono una ragazza viziata che ha avuto tutto dalla vita e ora, dopo aver perso le gambe, deve trovare un nuovo gioco da fare" mi dico. "Sarà sicuro che non reggerò il freddo e il gelo e i ritmi di allenamento e mollerò..."

Qualsiasi cosa pensi, a me e mio fratello fa un'ottima impressione, una persona onesta e seria. Quello di cui ho bisogno. «Devi convincerlo che sei diversa da come ti immagina» osserva Domy. Andrea non sa che soggetto ha incontrato sulla sua strada...

Gioco di squadra

Il 2011 è l'anno della svolta.

Innanzitutto conosco Rosario Gagliano, titolare di un'officina ortopedica a Enna. Tutto fuorché comoda, però Antonio continua a ripetermi che i tecnici sono straordinari, pochi ma pieni di voglia di crescere e migliorarsi. Rosario ha avuto il privilegio di lavorare con Claudio, l'eccezionale fisioterapista che ho conosciuto a Budrio e che mi ha insegnato un trucco per fare i gradini.

Rosario si esalta per il mio caso: è la prima volta che si cimenta nella costruzione di una protesi da corsa come la mia, ma la sua carica e la sua energia mi travolgono. Del tutto a digiuno dell'argomento, ovviamente, non è: è lui a presentarmi ai referenti per l'Italia di Ossur, azienda islandese leader nel settore protesico. Voglio provare e accetto la sfida. Dopo qualche settimana di prove a Enna torno a Milano con delle nuove gambe da corsa. I piedi sono migliori dei precedenti e gli invasi realizzati da Rosario quasi perfetti. Scommessa vinta!

Con loro vinco il titolo italiano sui 60 metri, campionati indoor, l'oro e il titolo italiano sui 100 metri a Padova, al meeting internazionale di Singen, in Germania, con il tempo di 16"18 stabilisco il nuovo record italiano sui 100 metri, che mi vale come minimo di qualificazione per le Paralimpiadi di Londra 2012. Non credo a me stessa. Ovviamente, ci prendo gusto: la soddisfazione è troppa. E poi correre mi fa stare bene, mi fa sentire libera e, grazie ad Andrea, padrona delle mie gambe.

Intensifico gli allenamenti e, per evitare ad Andrea di spostarsi a Milano, lo raggiungo io a casa sua, Vigevano, e mi tessero per l'Atletica Vigevano. Spesso corre con me anche Manuela, fidanzata di Andrea ed ex campionessa dei 400 metri. La prima volta che la vedo rimango senza fiato: Manu è bellissima, bionda, viso dolce con qualche lentiggine sul naso, alta e con un corpo da modella. Nel tempo ho l'occasione di scoprire una persona stupenda, che trasmette serenità, sa ascoltare gli altri e condividere i loro risultati. Per me diventa una *mental coach*: quando gli impegni lavorativi le lasciano tempo mi insegna varie tecniche di respirazione e meditazione per combattere la tensione della gara. È grazie a lei che riesco a superare le mie paure allo start di ogni corsa.

Finalmente mi sento bene. Mi sento Giusy. Una Giusy diversa da quella di prima dell'incidente, comunque frenetica ma meno concentrata sul lavoro e di più sulle cose che contano (affetti, amore, amici, fiducia in se stessi). Lo sport mi plasma come la creta che Irene mi ha insegnato ad amare e fa di me una persona migliore: mi insegna il gioco di squadra, che prima era un illustre sconosciuto, la gioia di condividere un risultato, di dedicarlo a qualcuno.

È da questa nuova me che nasce Disabili No Limits ONLUS.

Non poteva essere altrimenti: ho passato anni ad ascoltare le storie delle persone che ho incontrato lungo il mio cammino – a Budrio, ma anche a Lourdes o durante le gare d'atletica – e queste storie hanno lavorato dentro di me, mi hanno riempito di serenità, felicità a volte, ma anche malinconia, senso di impotenza. Dovevo trovare un modo per canalizzare tutta questa energia e farne qualcosa di produttivo, di bello.

La ONLUS viene dal desiderio di condividere con altri la mia esperienza e dare a tutti coloro che ne hanno o ne sentono il bisogno l'opportunità di provare la sensazione unica di autonomia e libertà che può dare lo sport.

Il progetto è ambizioso, ma noi non ci facciamo scoraggiare. Partiamo in cinque: io, Domy, nostra cugina Caty, Antonio e la mia amica Laura, supportati da due persone stupende che, per nostra immensa fortuna, fanno gli avvocati, Paolo e Patrizia, e da una terza, Pino, il nostro prezioso revisore dei conti. Inventiamo i progetti e lavoriamo per realizzarli. Ciascuno mette a disposizione le proprie competenze e il proprio tempo libero, come volontario.

Il primo, grande obiettivo è dare una gamba a Francesco Comandè.

Francesco mi scrive tutti i giorni sulla mia pagina Facebook. Tutti i giorni: incredibile. Per una che frequenta i social network una volta la settimana se va bene è una prova di costanza davvero ragguardevole. Un giorno, spinta dalla curiosità, decido di scrivergli: voglio conoscere i dettagli della sua storia. Originario di Taurianova, un paese in provincia di Reggio Calabria, aveva solo undici anni quando perse la gamba in un incidente. Oggi ne ha ventidue, nella sua vita sono cambiate un mucchio di cose, tranne la situazione economica della sua famiglia, tutto fuorché florida. Mi scrive tutti i giorni perché mi ha visto correre, e correre è il suo sogno. Peccato che la Asl non passi le protesi da corsa... Decido di inviargli come emissario Titti Vinci, il presidente del CIP Calabria, che mi conferma la veridicità di tutto quanto. Il secondo dopo mi sto facendo due domande. La prima: "Come si fa a non sostenere i sogni di un ragazzo di ventidue anni che dimostra tanta voglia di vincere nella vita?!?". La seconda: "Come faccio a sostenerlo io?".

Riunione immediata in associazione e mi invento un evento che possa coinvolgere tutta Reggio, la Happy Run: voglio che Francesco senta la vicinanza della sua terra così come l'ho sentita io. Lo organizzo in settembre, per poter coinvolgere le scuole.

La Happy Run è una corsa, quattro chilometri sul lungomare, la sera perché possano aderire tutti ma proprio tutti (senza scuse). Più che corsa, diciamo che si tratta di una sana "camminata": non voglio barriere di alcun genere alla partecipazione. Solo mettendo chiunque in condizione di esserci si abbattono le barriere mentali che spesso la gente ha nei confronti dell'handicap. Le stesse che, anni prima, in spiaggia a Scilla, hanno portato quella mamma a coprire gli occhi della figlia, per impedirle di vedere la mia diversità.

Fortunatamente il supporto delle istituzioni e di numerosi sponsor non si fa attendere e il 21 settembre è un successo: 800 corridori, spettatori da tutta la provincia, qualcuno addirittura da Tropea, da Catanzaro e persino dalla Sicilia, ben 4000 euro raccolti.

Grazie al contributo di Rosario e della sua officina, a dicembre possiamo consegnare a Francesco la sua nuova gamba da corsa. Nel giro di pochi mesi rinasce: recupera il sorriso, capisce di non doversi vergognare e partecipa al campionato italiano indoor ad Ancona, vincendo due argenti sui 100 e 200 metri.

Ora sono io a frequentare Facebook una volta in più per vedere le sue foto in pista e rileggere una frase che mi ha scritto tempo fa: "Da quando ho iniziato a correre non mi fermo più".

Con un 2011 così, pensavo che ormai fosse tutto in discesa. Per niente.

A gennaio 2012 mi viene la febbre a 40, non mi succedeva dai tempi delle elementari.

A febbraio, durante un allenamento, per evitare di cadere addosso a una ragazza mentre sono in fase lanciata (quindi è difficile frenare), prendo in pieno un pilastro di cemento procurandomi un'antipatica frattura al polso sinistro. Dolore infernale ma, ciò che è peggio, gesso per ben due mesi. Sono costretta a casa e a chiamare in emergenza mia madre, che giunge a Milano in mio soccorso. Non posso guidare, non posso lavarmi da sola, non posso mettere le protesi da sola. Improvvisamente sono senza gambe e con un braccio fuori uso, peraltro nel periodo delle gare! Il morale è a terra e, a complicare il tutto, sopraggiungono delle simpatiche tachicardie. Faccio qualche controllo e scopro che ho i valori della tiroide completamente sballati.

A fine marzo mi tolgono il gesso ma il mio polso è quasi scomparso. Seguono mille sedute di tecar e di fisioterapia, con il mitico Loris, che miracolosamente in un mese e mezzo mi rimette in forma.

Ad aprile torno in campo per allenarmi, ma è un disastro: due mesi ferma e mi sembra di essermi dimenticata tutto. Fra l'altro continuo ad avere le tachicardie, quindi corro venti metri poi devo fermarmi, altrimenti il cuore mi scoppia. Faccio una visita da uno specialista a Roma, luminare non solo della medicina ma anche del rapporto medico-paziente: trova le parole giuste per non spaventarmi mentre mi dice che ho un morbo molto brutto e che deve operarmi d'urgenza per asportare la tiroide.

Nonostante la sua delicatezza resto scioccata, al punto da non riuscire a fare nulla per giorni. Ma come? È l'anno delle Paralimpiadi! Doveva filare tutto liscio, dovevo evitare di farmi male e guarda qua: prima il polso, ora la tiroide!

Perché tutti questi ostacoli? Per un attimo mi sento abbandonata da Dio poi, riflettendoci, capisco che tutto ha un senso. Se non mi fossi rotta il braccio non avrei scoperto di essere affetta da questo morbo, probabilmente lo avrei scoperto troppo tardi, invece ora sono in tempo per essere operata.

Questa consapevolezza, però, non mi consola quanto vorrei: sogno le Paralimpiadi da mesi, lavoro come una dannata, ho tutte le carte in regola per non sfigurare... Non mi sembra giusto. Mi sfogo con Andrea al telefono, piangendo. Sono dispiaciuta anche per lui, che per allenarmi ha fatto un sacco di sacrifici nell'ultimo anno. Lui mi dà prova di vera grandezza, rispondendomi che non tutti i grandi atleti vanno alle Olimpiadi, si può essere grandi comunque, e io lo sono per tutto quello che ho fatto fino a quel momento. Andrea è molto rigido e professionale, sono rare le volte che si lascia andare a un complimento, quindi prendo le sue parole come un dono e mi faccio forza.

Accetto di operarmi, ma, prima, faccio di tutto per riprendere gli allenamenti: ai primi di maggio ci sono i campionati italiani di Torino e non voglio perderli. Se devo rinunciare a Londra, che almeno possa partecipare alla mia ultima gara! Andrea non è per niente d'accordo ma, siccome sono una testa dura, insisto talmente tanto da convincere Manuela a farmi fare dei test al campo, grazie ai quali si arrende e accetta la sfida.

A Torino mi gioco la mia Olimpiade. Sono carica, voglio vincere ma so di non essere in forma, quindi il risultato finale è un enorme punto interrogativo. In tribuna, Domy comanda una legione di ultras formata da amici e parenti: saranno una decina almeno. In pista vicino a me c'è Antonio, che non gareggia più e mi fa da vice coach.

A rendere la sfida più stimolante c'è Federica, amputata a due arti come me, categoria T43. Non è la prima volta che corriamo insieme, ma è la prima che c'è in ballo una posta così alta.

Allo start non sento più nulla. Vedo Federica, è davanti a me. Rischio di perdere. Intercetto le urla di mio fratello dalla tribuna, il tifo, avverto un dolore al petto ma devo farcela. Nella mia testa rimbomba la voce di Manuela che, durante i nostri allenamenti, mi incita a non mollare negli ultimi metri: "Su, su, su, non mollare! Fino alla fine, fino alla fine!".

Sorpasso Federica tagliando il traguardo per prima! Terzo titolo italiano sui 100 metri, medaglia d'oro e nuovo record europeo: 15"50, mai visto prima!

Quando il cuore si calma è solo gioia quella che provo: ho raggiunto un risultato incredibile e sono fiera di non aver deluso le aspettative del mio coach.

A fine maggio mi asportano la tiroide. Mi presento in ospedale con la medaglia d'oro, dicendo al chirurgo: «Abbia cura della mia gola perché a settembre ho un appuntamento a Londra». Lui si mette a ridere e mi tranquillizza.

Nonostante la continua presenza di mia madre, mio padre, mio fratello e Antonio, la settimana di ricovero è un inferno: ancora il dolore. Deglutire mi fa male, di ingoiare cibo non se ne parla. Per la gioia di molti perdo anche la voce, rimanendo senza per circa venti giorni.

Appena la recupero, la prima cosa che dico è: «Devo andare agli europei». Il medico è stato chiaro: non devo correre per almeno un mese e mezzo. Mia madre non crede alle sue orecchie, ma deve arrendersi di fronte alla mia determinazione. Dopo venti giorni sono in Olanda, dove conquisto un bel quarto posto sui 100 e 200 metri: sono soddisfatta e so di poter fare meglio.

Passo qualche giorno a Grosseto con Andrea per intensificare gli allenamenti sui 200 metri e il 12 luglio a Celle Ligure centro il minimo paralimpico anche su questa distanza, tagliando il traguardo in 31"21, nuovo record italiano. Londra è sempre più vicina e decido di fermarmi per non sottopormi a troppo stress.

All'inizio di agosto sono a Spilimbergo, vicino a Udine, a fremere con tutti gli altri atleti per un raduno con i tecnici del CIP. Mio fratello, un vero angelo custode, mi raggiunge lì a sorpresa. La sera prima che il comitato rilasci l'elenco ufficiale dei convocati mi chiama per dirmi che è in un albergo nelle vicinanze, vuole essere accanto a me dopo la notizia. «Se pronunciano il tuo nome, bene, sarò qui a festeggiare con te, ma se non dovessero pronunciarlo, sarò comunque qui ad asciugarti le lacrime.»

Meno male che c'è: i risultati ottenuti alla fine di un anno così complicato non bastano per convincere la Federazione. La lista non contempla il mio nome: sono tra le riserve.

La prendo malissimo. Telefono a Manuela e Andrea piangendo. Avrei voluto vivere insieme a loro questa esperienza, invece tutto si polverizza in un attimo: il nostro lavoro, l'impegno di due anni, la fatica degli ultimi mesi tra ospedale, visite, controlli, corse, problemi, tachicardie e paure. Andrea ancora una volta tira fuori le parole giuste al momento giusto: «Io sono fiero di te e di quello che hai fatto e devi esserlo anche tu, dopo quello che hai passato hai fatto un miracolo».

Peccato che io non ne voglia più sapere. Il giorno dopo decido di appendere le protesi al chiodo: rifiuto ogni intervista, tanto non correrò più. Caty mi chiama proponendomi di partire insieme per non pensarci, e accetto subito.

Due giorni dopo, però, mi raggiunge la telefonata di un amico giornalista, Luca Corsolini. Pare che Giovanni Bruno, capo del progetto olimpico e paralimpico mi voglia con sé a commentare le Paralimpiadi in diretta TV. Incredibile! Io, in diretta? Aiuto. Per quanto la proposta mi lusinghi, non mi va di guardare l'evento dal divano. Per di più, non mi sento all'altezza: non ho mai fatto televisione, non sono preparata. E poi ho già detto di sì a Caty.

Tanto fanno e tanto insistono che rinuncio al viaggio ed entro a far parte di una nuova squadra. Non sarà di atleti, ma comunque squadra è.

L'esperienza si rivela esilarante: Andrea, il mio allenatore, è lì come commentatore ufficiale per l'atletica insieme a Michele Gallerani, volto storico di Sky Sport; come me sono stati convocati altri campioni, le amiche Francesca Porcellato e Cristina Chiuso e il mito della pallavolo di ogni tempo, il gigante buono, l'uomo del touch screen, Andrea Zorzi! I giornalisti, Fabio Tavelli ed Eleonora Cottarelli, sono favolosi, non solo come professionisti (e, per me, insegnanti), ma come persone. In breve si crea un bel gruppo di lavoro.

I ritmi sono intensi e frenetici. Combatto il mio timore di essere impreparata passando le notti a studiare tutto lo studiabile sugli sport paralimpici: dal rubgy in carrozzina fino al sitting volley. Cerco le storie più particolari, imparo a menadito le categorie assegnate alle disabilità, conosco nuovi sport che non avevo neanche mai sentito nominare e mi emoziono come non credevo fosse possibile: di fronte al calcio a 5 per non vedenti mi scappa quasi una lacrima.

In quei giorni capisco quanto sia importante vederle, certe cose. Lo sport paralimpico è davvero difficile da raccontare e vorrei tanto che tutta Italia potesse assistere alle gare, mentre tutte quelle ore di diretta sono riservate solo agli abbonati Sky. La televisione pubblica mostra qualcosa, ma molto meno di quanto avrei creduto, e solo sul canale Sport. I tre canali principali non trasmettono nemmeno le cerimonie di apertura e di chiusura, che non hanno nulla da invidiare a quelle celebrate per le Olimpiadi.

Quando le Paralimpiadi finiscono, senza gare, niente da studiare e storie da raccontare mi sembra che le giornate siano vuote. Un po' per questo, un po' perché la rabbia finalmente si è sciolta e se ne è andata, mi torna voglia di allenarmi. Chiamo Andrea per chiedergli se ha ancora voglia di lavorare con me, mi risponde che aspettava la mia telefonata e chiosa con: «Pronta ai prossimi mondiali?». Chissà, magari ci provo...

Nel frattempo metto un po' d'ordine nella mia vita. Costruisco una lista delle priorità che assomigli alla Giusy che sono adesso.

Decido di non candidarmi più a ruoli professionali troppo ingombranti, che non mi permetterebbero di occuparmi del resto. Dopo settimane di attente riflessioni rientro nel mondo della moda come consulente: solo progetti mirati, però. Alla fine dell'anno guadagno molto meno ma ho più tempo da dedicare alle cose che mi riempiono il cuore, come lo sport, gli incontri con i giovani nelle scuole e l'impegno con la mia ONLUS.

Del resto mio padre me lo ha sempre detto, fin da bambina: «Ricordati che il vero ricco non è colui che ha cifre importanti sul conto corrente, ma colui che ha la libertà di gestire il proprio tempo».

"Libertà" è una parola grossa. Meglio dire: "Colui che può permettersi il lusso di dedicare il proprio tempo alle cose alle quali tiene di più".

Il tempo lo gestisco assai poco, ma per fortuna posso occuparmi delle cose alle quali tengo di più.

Dopo le Paralimpiadi, infatti, vengo gioiosamente risucchiata da una nuova Happy Run. Il sindaco e i cittadini di Reggio hanno richiesto a gran voce che si trasformi in un appuntamento fisso per la città. Il secondo anno siamo 1200, 50 i volontari di Disabili No Limits.

Tra la fine del 2011 e il 2012 con l'associazione ho aderito a importanti eventi di sensibilizzazione e raccolta fondi, scoprendo un mondo di cui non conoscevo l'esistenza, popolato di persone stupende. Dove ci chiamano, cerchiamo di esserci, dalla MidnightRun degli amici di Mente Corpo alle staffette del Charity Program promosso da Milano City Marathon. Con la collaborazione di Manuela e dell'associazione Anfas di Vigevano ho potuto dar vita a un nuovo evento: la Scarpa D'Oro Ability, cinque chilometri non competitivi dedicati a tutti i ragazzi, disabili e non, che hanno voglia di correre per solidarietà. In prima linea con noi mi ritrovo i Podisti da Marte, un gruppo di *runners* scatenati che fanno parlare di sé scorrazzando ogni mese per il centro di Milano a supporto, ogni volta, di una ONLUS diversa.

Grazie alla raccolta fondi e agli eventi siamo riusciti a regalare non solo ausili evoluti che le Asl non passano – sedie a ruote ultraleggere o piedi in fibra di carbonio – ma nuove opportunità di vita a tanta gente che forse, senza il nostro aiuto, non le avrebbe ottenute. Secondo noi lo sport è una terapia fondamentale per integrarsi, per confrontarsi e per aumentare la propria autostima. È questo il messaggio principale dell'associazione: si può. Grazie allo sport, grazie alla tenacia, grazie alla costanza, ma bisogna avere i supporti adatti. A quelli proviamo a pensarci noi, chi vive un handicap deve uscire di casa e smetterla di avere timore di incrociare lo sguardo della gente. È difficile, ma se ce l'ho fatta io perché altri non dovrebbero riuscirci?

Ho imparato

Dal 2005 a oggi sono diventata un'altra, la mia vita ne è lo specchio.

Nonostante la sofferenza, la paura, la rabbia, lo sconforto, la frustrazione, non faccio altro che ringraziare Dio per l'amore che mi dimostra ogni giorno. Del resto, chi ha mai detto che la vita dev'essere per forza facile?

Ci ho messo anni, ma alla fine ho abbandonato la Giusy di prima per scoprirne una che mi assomiglia di più. E che sa molte più cose.

Ho imparato a correre per solidarietà, non solo per me ma soprattutto per chi non può farlo. Ho imparato la bellezza del dono e della condivisione. Ho imparato che i ragazzi sono il futuro e solo loro possono aiutarmi ad abbattere le barriere mentali che gli adulti hanno costruito attorno al mondo dell'handicap. Ho imparato che se faccio qualcosa di buono e la condivido con gli altri mi sento più felice. Ho imparato a pregare. Ho imparato a ringraziare. Ho imparato a dire "ti voglio bene". Ho imparato che aiutare il prossimo aiuta principalmente noi stessi. Ho imparato che la disabilità è solo negli occhi di chi guarda. Ho imparato ad apprezzare ciò che ho senza pensare a ciò che mi manca. Ho imparato che non possiamo decidere quali eventi capitano nella nostra vita, ma possiamo decidere come affrontarli. Ho imparato che tutti hanno una croce da portare sulle spalle, chi più pesante, chi più leggera. Ho imparato che quando ti poni degli obiettivi ciò che ti resta di più nel cuore è il percorso fatto per raggiungere quell'obiettivo. Ho imparato che bisogna avere coraggio. Ho imparato a non lasciare mai nulla di intentato. Ho imparato che la determinazione porta ovunque. Ho imparato che i limiti si possono superare. Ho imparato a volare in alto, pensare in grande e guardare lontano. Ho imparato che non sono migliore degli altri. Ho imparato che ciò che non uccide rende più forti. Ho imparato che "ieri è il passato, domani il mistero, oggi il dono".

Se non avessi rischiato di morire, se non avessi perso le gambe, forse ci avrei messo un'intera vita a imparare tutte queste cose, e quante altre me ne sarei perse? Se avessi una bacchetta magica e un solo desiderio da esprimere, una cosa è certa: non tornerei mai indietro.

Grazie

Ho avuto la fortuna di avere accanto persone eccezionali, grazie alle quali ho capito che da soli non si vince. A loro va il mio ringraziamento.

Grazie a Salvatore Bifano dell'Anas che non ha esitato a chiamare mio padre quando gli ho dettato il numero; a Michele Bruzzone, del 118 di Genova, che mi ha dato una mano, la sua, che ho stretto forte fino all'arrivo dell'elisoccorso; a Gianfranco Erbino, Antonio Donadio e Antonio Granata, i poliziotti della Stradale di Castrovillari, per la serenità che mi hanno trasmesso; al dottor Gagliardi e al dottor Togo, per avermi salvato la vita, e ai volontari del 118 di Cosenza, che mi tenevano compagnia in ospedale. Grazie a TUTTI i medici e gli infermieri dei reparti di terapia intensiva e di ortopedia dell'ospedale di Cosenza per la simpatia, la professionalità e la disponibilità. Sono tanti e non ricordo i nomi di tutti, ma ricordo bene i loro volti, che porterò sempre nel cuore.

Un ringraziamento infinito ai miei cugini di Cosenza, Daniela e Domenico, e a zio Mike, per la costante presenza e per aver messo a disposizione di tutti la loro casa. Grazie ad Anna e Carlo, Walter e Isa, Franco e Lidia, la famiglia di zia Marisa, per avermi trattata come una figlia.

Grazie alle mie amiche Katia, Manuela e Felicetta, delle vere sorelle, e alle loro famiglie: Tota, Stefano ed Emanuele, Mimma e Pasquale, Angela e Sabina. Grazie a Marco Praticò per le sue barzellette; a Peppe Polimeni per il libro su Padre Pio che mi ha prestato e non gli ho mai restituito; a Domenico Penna per il gelato di Pizzo Calabro. Grazie a Mico Caccamo, per aver rimediato alla sua assenza. A Fabio Macrì, Antonio Pizzimenti e Antonio Creazzo, per essere venuti in ospedale per dirmi "non sei sola". Grazie a Nino e Nicola Labate, per tutte le volte che hanno accompagnato mio fratello da me. Grazie a Fabrizio Demaria, per quel taxi preso da Lamezia a Cosenza. Grazie agli amici Lucio Cosentino e Mariella per il supporto dato anche a mio papà. Grazie a Bartolo Bonavoglia per l'amicizia. A Enrico Bonavoglia, Pino Fallara, Carmen Marino, Paolo Aletta e Antonella Aquaro, grazie per tutte le volte che sono venuti in ospedale a regalarmi un sorriso. A Tiziana Marino, per la sua presenza e per la volta che portò con sé Liviana Mirarchi e Mimmo Parrotta – grazie anche a loro per l'abat-jour che tengo ancora oggi sul mio comodino. A Maria, la mia tata delle Seychelles, per le sue preghiere e i suoi sorrisi: Maria, I miss you! Agli amici Valeria Montera e Pierfrancesco Cogliandro per il costante sostegno.

Grazie ai miei cugini, che sono stati come fratelli: Carmine e Peppe Fallara, per le carte da burraco e il pareo che utilizzavo per coprire le mie gambette; Aita Ferraro, che nonostante tutto è venuta in ospedale a darmi un bacio; suo fratello Peppe, per le notturne partite di burraco; Caterina "Titti" Pannuti, per esserci stata quando ho dovuto lavarmi i monconi da sola; Nunzio, per la macchina fotografica con la quale ho immortalato decine di sorrisi; loro fratello Peppe, per le telefonate da Roma; Vittorio e Daniela Giardiniere, per avermi accompagnata, ancora zoppicante, in chiesa.

Grazie a mia nonna Margherita, che mi ha insegnato a fare la pizza e alla quale nessuno ha mai detto la verità su quel 22 agosto.

Grazie ai miei zii Carla e Salvatore, Anna e Mimmo, per la forza che hanno dato a mia madre; a Vittoria, per avermi portata a Lourdes; a zio Santo, fratello di mio padre, per le lunghe chiacchierate, la pesca e il primo mare; a zia Patty, per avermi insegnato che quando si ama non è mai troppo tardi per ricominciare; a Santo di Milano, per la borsa speciale che mi ha regalato per il mio trentesimo compleanno, simile a quella che avevo il giorno dell'incidente. Grazie a Caty, Vanni e Flavio, *i miei cugini di Milano, per essersi presi cura di mio fratello quando non c'ero.*

A Sacha per aver compreso e a suo padre, Franco Iannì, per le lacrime di commozione e la scatola di colori.

Grazie a tutti gli amici e fratelli dell'Unitalsi, che mi hanno insegnato la bellezza di aiutare il prossimo: Roberto Cerchiara, Grazia Condello, Roberta Pino, Carlo Indellicati, Cosimo Accurso e Alma Manera per la loro amicizia. A Fabio Falzea grazie anche per aver condiviso con me "l'Arte di Essere".

Grazie a tutti i professionisti che hanno partecipato al mio percorso di ripresa: la dottoressa Labate, per avermi aiutata a scacciare i fantasmi; la dottoressa Rossana Giove, per la sua amicizia e le sue cure; la dottoressa Romeo dell'Inail di Reggio, per quel Natale che abbiamo fatto i petrali insieme; il dottor Nicita, Matteo Longanesi, Massimiliano Panizzi, Teodora Lolli e tutti i fisioterapisti del centro Inail di Budrio, per avermi supportata e insegnato a camminare.

Grazie alla mia maestra, Maria Biroccio, quasi una mamma, e ad Alba Neri, per tutte le volte che ha asciugato le mie lacrime. Grazie a Luca Medaglia per le faticose passeggiate a Budrio, al mio migliore amico Antonello Losito, sempre presente.

Grazie a Rosario Gagliano e al suo team, e all'azienda Ossur (Sandro, Hanna, Monique e Peter) per aver accettato la mia scommessa; a Titti Vinci per avermi convinto a correre la mia prima gara. Grazie ad Andrea Giannini, per avermi trasformata in una vera atleta, e a Manuela Merlo, per essere stata la mia mental coach. A Gianni Merlo e Oscar Campari, per avermi permesso di correre con l'Atletica Vigevano e a tutti i ragazzi del campo. Grazie agli amici giornalisti Luca Corsolini, Giovanni Bruno, Claudio Arrigoni, Roberto Bof, Cristiano Strambi e Isabella Schiavone, per avermi riservato uno spazio nelle loro vite.

Grazie ai miei ex colleghi e amici di Alba per il tifo dentro e fuori la pista di atletica. Un grazie speciale a Enrica De Marchi, più di una semplice coinquilina. A Valeria Costa per aver sempre creduto in me e all'amico Antonio Sotgiu, per le volte che mi ha fatto sentire importante anche quando mi sentivo inutile.

Grazie ai miei ex colleghi Ittierre di Milano e Isernia, per l'ami-

cizia e per non avermi mai trattata come una disabile a differenza di quanto fatto da alcuni dirigenti. Un particolare grazie all'amico Davide Grimaldi per tutte le volte che mi ha portato il PC a casa e all'amica Titti Barbato per le costanti telefonate fatte a mio padre.

Grazie a Elena Papa e a suo marito Thomas per aver sostenuto le mie iniziative; a Daniele Stefani per esserci sempre stato; a Enzo Crupi e Alessandro Favaloro, per aver fortemente creduto che la mia storia potesse davvero aiutare gli altri.

Grazie a Fabrizio Cosi e ai podisti da Marte, per avermi insegnato quanto è bello correre per solidarietà. Agli amici Aldo Maggi e Alessio Conti per gli allenamenti all'Arena; Andrea Colombo e Salvatore Milazzo per il sostegno a Disabili No Limits ONLUS; a Pino Condello per la pazienza e sensibilità. A Laura Bernes, per quel mojito analcolico post Londra. A Massimo Achini per quel viaggio in Terra Santa e la famiglia del CSI per avermi portato negli oratori. Grazie a padre Giancarlo, don Alessio Albertini e monsignor Claudio Paganini, per avermi trasmesso la bellezza della testimonianza; ad Attilio Rossetti, per avermi invitata a parlare ai ragazzi delle scuole. Grazie a Margherita e Davide Corduas, per avermi insegnato quanto si può amare la vita nonostante tutto.

Grazie a Patrizia Cicero e Alessandro Arnaboldi, veri amici; a Paolo Nava, alla sua famiglia e al suo staff per l'assistenza legale ma soprattutto per quella morale! Un grazie speciale al grande Nava, per avermi ricordato come si ride anche nei momenti di maggiore sconforto.

Grazie a mamma per aver pianto insieme a me e per tutte le volte che mi ha aiutato a fare la doccia. A papà per tutte le volte che mi ha aiutato a mettere le protesi. A Enza, la sua compagna, per essere stata presente e comprensiva. A mio fratello, per tutte le volte che mi ha preso in braccio per portarmi dal divano al letto, e viceversa. Ad Antonio, per aver fortemente creduto in me e per aver creato "Giusy, l'atleta". Grazie agli oltre undicimila fan della mia pagina Facebook e ai numerosi followers di Twitter che quotidianamente mi seguono e mi incoraggiano. Grazie a Francesca Parravicini, per la professionalità e la pazienza che ha avuto con me nella stesura di questo libro.

Infine, grazie a tutti coloro che ho incontrato durante il mio lungo e duro percorso di ripresa: chiedo scusa se non vi ho nominato tutti, ma siete davvero tanti. A voi il mio grazie perché ogni vostro gesto mi ha permesso di trovare la forza per arrivare fino qui.

Si dice che Dio mandi nella nostra vita le persone che ci occorrono per far sì che diventiamo ciò che eravamo destinati a essere: io ho incontrato voi.

Arnoldo Mondadori Editore S.p.A.

Questo volume è stato stampato
presso ELCOGRAF S.p.A.
Stabilimento - Cles (TN)

Stampato in Italia - Printed in Italy